U0814361

中外名人传记

影响孩子一生的中外名人传记

第四辑

富兰克林

ZHONGWAI MINGREN ZHUANJI DISI JI FULANKELIN

《中外名人传记》编委会　编著

全国百佳图书出版单位

时代出版传媒股份有限公司

黄山书社

图书在版编目(CIP)数据

富兰克林/《中外名人传记》编委会编著. ——合肥:黄山书社, 2021.5
(中外名人传记. 第四辑)
ISBN 978-7-5461-9672-5

Ⅰ. ①富… Ⅱ. ①中… Ⅲ. ①富兰克林(Franklin,Banjamin 1706-1790)-传记 Ⅳ. ①K837.127=4

中国版本图书馆 CIP 数据核字(2021)第 066174 号

中外名人传记(第四辑)·富兰克林　　《中外名人传记》编委会　编著

出 品 人　贾兴权
责任编辑　朱莉莉
责任印制　李晓明　李　磊
装帧设计　钱志刚
出版发行　时代出版传媒股份有限公司(http://www.press-mart.com)
　　　　　黄山书社(http://www.hspress.cn)
地址邮编　安徽省合肥市蜀山区翡翠路 1118 号出版传媒广场 7 层　230071
印　　刷　合肥华云印务有限责任公司
版　　次　2021 年 5 月第 1 版
印　　次　2021 年 5 月第 1 次印刷
开　　本　880mm×1230mm　1/32
字　　数　110 千
印　　张　5.5
书　　号　ISBN 978-7-5461-9672-5
定　　价　12.80 元

服务热线　0551-63533706
销售热线　0551-63533761
官方直营书店(https://hsssbook.taobao.com)

版权所有　侵权必究
凡本社图书出现印装质量问题,
请与出版科联系。
联系电话　0551-63533725

前　言

名人，顾名思义，就是著名人物，他们在某一个或几个领域中做出了普通人不能做出的伟大业绩。他们都有着辉煌的成就，是成功的典范。名人取得成功的过程并不是一帆风顺的，例如大家熟悉的玄奘、华罗庚、居里夫人、爱迪生……他们克服了常人难以想象的困难，凭借义无反顾的品质和百折不挠的精神，历尽艰辛，才最终到达成功的彼岸。

青少年是早晨八九点钟的太阳，是含苞待放的花朵。在青少年成长的过程中，有着无数的可能性。汉代刘向说：“书犹药也，善读之可以医愚。”高尔基也说过：“书籍是人类进步的阶梯。”每读一本好书，都会对青少年产生深远的影响。每一位名人都是一座丰碑，是精神的引领者和行为的楷模。青少年通过阅读名人传记，可以在潜移默化中学习名人的精神，培养优秀的品质，为他们的健康成长提供强大的精神力量，让他们终身受益。

本套丛书分为4辑，收录了古今中外28位名人的人生故事。为了适合青少年阅读，本套丛书用简洁生动的语言，通过一个个活泼有趣的小故事，把这些名人的一生呈现了出来，具有很强的可读性。希望本套丛书能够给青少年以无尽的启发，成为陪伴他们健康成长的良师益友。

编委会

2021年4月

目 录

第一章

少年富兰克林

发现新大陆

天资聪颖

哥哥被捕

安身费城

发现新大陆

15 世纪末以前，西方通往东方的商路蜿蜒曲折，货物要经过意大利、阿拉伯、东罗马和波斯等地的商人多次转手，才能运抵西欧。商路主要有三条。两条是海路：一条从叙利亚和地中海东岸出发，经两河流域到波斯湾；另一条从埃及经红海至波斯湾，再前往印度和中国。一条是陆路，即传统的“丝绸之路”，从君士坦丁堡登陆，经小亚细亚、黑海和里海南岸，再翻越帕米尔高原到中国。

15 世纪中期，西欧的商人和贵族迫切希望另辟一条绕过地中海东岸、直达中国和印度的新航路。这是因为当时奥斯曼土耳其帝国先后占领小亚细亚和巴尔干半岛，控制了传统商路，对过往商品征收重税，使运抵西欧的货物不仅量少，还比原价高 8 ~ 10 倍。

从 15 世纪初起，位于伊比利亚半岛西南侧的葡萄牙，由于大部分国土濒临大西洋，其统治者就积极参与对非洲的航海探险和殖民活动。葡萄牙的恩里克王子创办了地理研究机构，为取得黄金、象牙和奴隶，多次组织队伍到非洲西岸探险，先后发现了马德拉岛、佛得角群岛，并从直布罗陀海峡沿非洲西海岸到达几内亚湾。1487 年，葡萄牙人迪亚士的探险队到达非洲南端，发现了好望角，并进入印度洋。1497 年，以达·伽马为首的船队沿迪亚士开辟的航线继续向前，经非洲东岸的莫桑比克、肯尼亚，于 1498 年到达印度西南部的卡利卡特，开辟了从大西洋绕非洲南端到印度的航线，从而打破了阿拉伯人控制印度洋航路的局面。经过几代人的努力，葡萄牙终于找到绕道非洲南端直达印度的新航路。葡萄牙通过新航路，垄断了欧洲对东亚、南亚的贸易，成为海上强国。

在葡萄牙人探寻新航路的同时，邻国西班牙也极力从事海外扩张。1492 年 8 月 3 日，哥伦布带着给印度君主和中国皇帝的国书，受西班牙国王派遣，率领三艘百十来吨的帆船，从西班牙巴罗斯港扬帆出大西洋，直向正西航去。经七十昼夜的航行，船队于 1492 年 10 月 12 日凌晨发现了陆地——哥伦布以为自己到达了印度，于是称那里的居民为印第安人——意思是印度居民。此后，他又三次重复了他的西航之行，直到 1506 年逝世，哥伦布一直认为他西航之行到达的是印度。

后来，一个叫作亚美利哥的意大利学者经过更多的考察，才知道哥伦布西航到达的那些地方不是印度，而是大西洋对岸一块不为人知的新大陆。当时欧洲乃至亚洲、非洲整个旧大陆的人们都不知道这个地方，所以称它为新大陆。虽然哥伦布最早发现了新大陆，这块大陆却是用证实它是新大陆的人的名字来命名的，这个地方被称为亚美利加洲，简称美洲。海上强国西班牙、英国、葡萄牙、荷兰等于16世纪80年代纷纷前往新发现的美洲建立殖民地。

1584年，英国的沃尔特·罗利爵士获得了英国政府颁发的在北美建立殖民地的特许状。4月，他派遣了两艘船前往北美海岸。7月，两船抵达了今北卡罗来纳海岸以外的小岛，该地被命名为“弗吉尼亚”。9月，两船返回英国，带回了一袋珍珠、几个印第安人和一些关于北美的传说。作为回报，女王加封罗利为骑士，但并没有在经济上给予他帮助。这样，罗利就必须自己掏腰包在北美建立定居地了。此后，由于种种原因，罗利在北美建立定居地的计划连受打击，最终以失败告终。

1606年，英国国王詹姆斯一世为弗吉尼亚公司颁发特许状。继个人冒险家之后，英国民间的商业公司也开始涉足殖民活动。1607年5月12日，弗吉尼亚公司的船队在经历了近半年的航行后，在一个小岛上登陆。很快，英国的殖民者们在这个岛上建立了一个定居点，将其命名为“詹姆斯敦”，以此纪念当时的英国国王詹姆斯一世。

英国殖民者经过长期艰苦的努力，终于在北美大陆站住了脚跟，此后许多英国人开始向北美移民。富兰克林就是英国移民的后代。

富兰克林的祖籍在英格兰诺桑普敦郡的爱克顿教区。他的祖父托马斯是一名铁匠，老托马斯在晚年将祖业交给长子，自己则到次子约翰那里度过余生。托马斯养大了4个儿子，长子也叫托马斯。小托马斯天资聪颖，在本教区的大绅士帕莫先生的鼓励下，他努力求学上进，获得了充当书记官的资格，成为地方上有名望的人；次子约翰是牛津郡班布雷村的一名呢绒染匠；三子本杰明在伦敦学染丝绸；四子约赛亚则跟着二哥约翰当学徒。

四子约赛亚共有17个孩子。他在1682年带着妻子和3个孩子漂洋过海，迁居到英国北美殖民地——波士顿城，到了波士顿，妻子又给他生了4个孩子。后来，妻子去世了，约赛亚又娶了阿拜亚·福格尔，生了10个子女。

约赛亚读书不多但头脑灵活，非常有见识，一些人在遇到麻烦事时很愿意倾听他的意见和忠告，他还常常被选为争执双方的仲裁人。他来到北美殖民地后，继续从事染布的行当。当他发现自己的染色生意惨淡，难以维持家人的生计时，便改行制作肥皂和蜡烛。

1706年1月17日，约赛亚的妻子为他生下第15个孩子，这是他最小的一个儿子，他用与自己最亲近的三哥的名字为儿子取名为本杰明，并打算让他成为一名教士。因此，他其他的儿子在各种行业中当学徒，而小富兰克林8岁时，父亲送他进了教会学校读书识字。

天资聪颖

小富兰克林天资聪颖，亲朋好友都称赞这个孩子，认为他将来一定会成为优秀的学者。他在学校读书不到一年，便从一年级提前升入二年级。从英国来到波士顿的约赛亚的兄长本杰明得知弟弟将侄儿富兰克林送入学校读书，对此表示十分赞赏，认为弟弟的做法是正确的。

然而没过两年，由于儿子上学的费用高昂，家中难以供应，约赛亚改变了主意，他最终决定让孩子辍学回家。就这样，10岁的富兰克林辍学了，他学会了用牛油制作肥皂和蜡烛，干些剪烛心、浇灌烛模、照管店铺、打杂跑街的活计，在家帮助父亲经营生意。但小富兰克林一心渴望去航海，不喜欢当学徒，他想了解外面的世界。

他很早就学会了游泳和划船，常和要好的伙伴们到水边玩耍。常常是富兰克林指挥一群孩子一同划小船，而那些孩子们也很愿意听他的安排。在小镇附近有一片沼泽，当水涨起来以后，孩子们常常在沼泽边钓鱼。富兰克林便向小伙伴们建议，修筑一个便于站立的钓鱼台，因为沼泽里全是烂泥。那时刚好有一户人家正在沼泽旁边盖房子，孩子们便在富兰克林的带领下，等到盖房工人下工离去后，把盖房子的石块搬来，建成了一个小小的钓鱼台，然后高高兴兴地回家去了。第二天一早，盖房子的工人们发现石块不见了，大吃一惊，四处寻找后，才发现石块已变成了一座钓鱼台。所有的孩子都被家长们批评了一顿，领头的富兰克林也不例外。富兰克林却辩解说："我这是在做好事。"父亲教训他："靠不正当的手段做成的事没有任何好处。"父亲的话给富兰克林留下了深刻的印象，他牢牢地记住了父亲的教诲。

富兰克林的前途问题一直烦扰着父亲，转眼他已在父亲的店中工作了两年。父亲想让富兰克林继承家业，但富兰克林根本没有继承家业的想法，他喜欢航海，一直梦想着乘船远行。约赛亚的另一个儿子小约赛亚就是因为不想当学徒，后来离家出走，到海上去当了一名水手。

约赛亚害怕富兰克林跟着哥哥学，于是常常带着他到木匠铺、泥瓦匠铺、铜匠铺去串门，看他们做活，还打发儿子跟哥哥本杰明的儿子塞缪尔学过一段时间的制刀工艺。这些经历，使富兰克林熟悉了各种手工活，有时还能动手做一做，并能在家里做一些小小的机械实验。

1717 年，富兰克林的哥哥詹姆士从英国带回一台印刷机和许多铅字，在波士顿开办了一家印刷所。由于富兰克林自幼喜欢读书，辍学后仍坚持自学，看到儿子这么喜欢读书，父亲终于决定让小儿子做一名印刷工匠。这样既能多读一些书，还能挣一点钱。富兰克林虽然不喜欢当学徒工，但为了阅读更多的书，他最终服从了父亲的安排，到哥哥詹姆士的印刷所当了学徒工。他把父亲的大部分藏书都读了一遍，并把自己的零花钱全都花在买书上。

詹姆士以老板的身份和12岁的弟弟签订了学徒合同，学徒期间，哥哥只给他提供伙食和服装；直到学徒期结束的前一年，富兰克林才能得到普通工人的最低工资。按照合同，富兰克林要在哥哥的印刷所里学习印刷手艺直到21岁。

当时，马萨诸塞州的首府波士顿总人口只有12000人，但有好几家印刷所，所以竞争激烈，印刷所的生意十分惨淡。直到1719年，詹姆士揽到了印刷《波士顿邮报》的业务，前后一共印了40期，这才挣了一笔钱。詹姆士于1721年8月起办了自己的报纸《新英格兰报》，他的印刷所也开始稳步发展。这时，富兰克林已熟练地掌握了印刷技术，成了哥哥的得力帮手。

在当学徒的时候，富兰克林开始尝试创作，他写了一些诗，还开始创作散文。这些作品虽然还不成熟，但父亲给了他不少的指点和鼓励，富兰克林的创作水平因此不断提高。他常在晚间向人借书，彻夜阅读，第二天一早便送还。他十分爱惜书籍，从不污损借来的书，所以那些有书的人都乐于借书给他。

富兰克林认识了波士顿城内另一个爱读书的孩子——约翰·柯林斯，并和他密切交往起来，他们往往对一些问题有争论。有一次，两人对于妇女能否接受高深教育和妇女是否有从事研究工作的能力的问题辩论起来。柯林斯认为妇女天生头脑简单，不应接受高深教育，也不能胜任研究工作，富兰克林则持相反的观点。虽然富兰克林的观点看来更正确，但柯林斯在辩论中总是占据上风。两人平时见了面总是不停地争论，见不了面的时候就写信继续讨论。富兰克林的父亲无意中看到了儿子和柯林斯的来往信件，告诉他说，他在语法上毫无缺点，但在修辞和条理方面比对方差。富兰克林认为父亲说得很对，决心努力提高自己的写作水平。

当时，去教堂做礼拜是生活的一部分，但富兰克林为了抽出更多的时间来学习，他能躲就躲，尽量减少用在其他活动上的时间，经常独自一人留在印刷所里写作和读书。

16 岁那年，富兰克林偶然读到一本宣传素食的书，便开始奉行素食主义。他向哥哥提出，把每月伙食费的一半交给他，由他自己来安排伙食，詹姆士同意了。每到吃饭的时间，詹姆士和其他人离开印刷所以后，富兰克林便可以利用剩下来的时间读书。素食使富兰克林获得了买书的钱和看书的时间，他的学习进度更快了。就这样，富兰克林节衣缩食，每顿饭以一块饼干或一片面包，加上一把葡萄干或一块苹果馅饼和一杯清水充饥，用省出来的钱买书。

一次，富兰克林偶然在一本英语语法书的后面发现了两篇关于修辞法和逻辑的简短介绍，其中关于逻辑的那篇在结尾处举了一个用苏格拉底对话法进行论辩的实例，他立即产生了兴趣。此后他买了一部色诺芬的《苏格拉底回忆录》加以研读，书中记载的苏格拉底运用对话法进行论辩的实例吸引了他。从此，富兰克林开始效法苏格拉底，放弃了自己生硬反驳和武断立论的辩论方式，而是用一个谦逊的、对事物抱有怀疑的人的口吻发问，他发现这种方法常常使很有学识的对手也不得不让步。从此以后，每当提出什么可能引起争论的意见时，富兰克林再也不用表示肯定语气的字眼，而宁愿用“我猜想”“我料想”“在我看来这件事好像是”等等语气更舒缓的语言。

后来，有许多场合富兰克林需要说服他人接受自己的意见，他大多采用这种方法来达到目的。

哥哥被捕

詹姆士自己的报纸《新英格兰报》1721 年开始出版，富兰克林负责把印出来的报纸送到城里各处的订户家中。詹姆士的朋友中有人为报纸写些短文作为消遣，而这些文章使得报纸的声誉和销量都得到了提高。富兰克林就想：我也可以在报纸上发表一些自己的作品。

当然，在他哥哥眼中，他始终是一个孩子，所以他不能像其他撰稿人那样公开署名，于是他以名叫“赛伦斯·杜古德”的女子的身份给报纸写稿。富兰克林以他的外祖母为原型虚构出这个人物，并用这个人物的口气写了一系列的文章。1722 年 4 月 2 日，他给《新英格兰报》写了第一篇文稿。在他的笔下，杜古德出生在到新英格兰去的船上，父亲在旅途中丧命。到了新英格兰后，她和母亲住在离城市不远的乡下，她不得不出去当学徒工，因为她不能再靠贫穷的母亲生活，母亲也在苦苦地挣扎求生。她的老师是一位牧师，他让她学习针线活、书写和算术，并让她随意使用他的藏书。富兰克林在夜间将稿子塞进印刷所的大门。第二天早晨，詹姆士开门时发现了这些文章，把它拿给自己的朋友看。这些文章得到了大家的一致赞许。詹姆士和朋友们猜测文章的作者是某位名人，或者是某位饱学之士，决定发表它们。富兰克林在一旁听了暗自高兴。

詹姆士的《新英格兰报》自创刊以来，向波士顿的保守势力发起了挑战，屡屡刊登思想激进的文章，因此地方当局准备一举除掉这个与众不同的新报纸，他们一直在等待机会。

1722 年 6 月，马萨诸塞参事会下令逮捕了詹姆士，将他关押在波士顿的监狱里，理由是《新英格兰报》发表的一篇文章蔑视当局。一个星期后，詹姆士向参事会道歉，请求原谅。又过了一个月，波伊尔斯顿医生说詹姆士的健康因监禁受到损害，为他出具证明，詹姆士终于获释了。

在哥哥被捕的日子里，富兰克林独自继续出版报纸。富兰克林以自己的行动，表达了对哥哥的支持。他的第 8 篇署名为杜古德的文章标题是“一篇伦敦杂志的摘要”，文中说道：“没有思想自由，就没有智慧这类东西，而没有公众自由这类东西，就没有言论自由；这是每个人的权利，正如由于这权利，他不能损害或控制他人的这一权利……谁要颠覆一个国家的自由，必先压制言论自由。”

《新英格兰报》依然保持着原来的风格，詹姆士出狱后，依然大胆批评各种丑恶现象。1723 年 1 月，马萨诸塞参事会下令

“禁止詹姆士·富兰克林继续出版《新英格兰报》或任何其他这类性质的小册子或文件，除非事先经过本省秘书的检查”。在这种形势下，詹姆士和他的朋友们在印刷所举行了一次会议，以决定对策。有人提议改变报纸的名称，以避开法令的规定，但詹姆士认为变换报名会带来许多麻烦。最后，大家决定以本杰明·富兰克林的名义继续办报。他们商定将当初签订的师徒合同还给富兰克林。同时，为了保障詹姆士作为老板和师傅的权益，双方另外签订了一份新的师徒关系的合同，这份合同将不公开。《新英格兰报》以本杰明·富兰克林的名义继续发行。

兄弟俩之间的矛盾也越来越突出，因为自从富兰克林跟随兄长学艺以来，詹姆士就视弟弟为普通学徒，认为弟弟应当像其他学徒一样努力地为他工作。富兰克林则认为两人毕竟是兄弟，詹姆士对待自己应比对其他学徒更宽容一些，他不希望哥哥继续把自己当成小学徒。两人常常会为此发生争执。后来，富兰克林用化名为报纸写稿的事被发现了，詹姆士的朋友们不禁对这个小兄弟刮目相看，称赞有加。詹姆士听了以后却感到不是滋味，唯恐弟弟会恃才傲物，不服自己的管教。

詹姆士的脾气急躁，常常对弟弟拳脚相加。待在詹姆士的印刷所里，富兰克林感到空前的压抑，他下定决心要离开印刷所。詹姆士非常愤怒，他对每一个波士顿城里的印刷所老板都打了招呼，让他们不要雇用富兰克林。富兰克林在波士顿待不下去了，他打听到 300 英里之外的纽约有一家印刷所，便打算到那里去谋生。富兰克林只能悄悄地出走，因为如果让父亲和哥哥知道了，必然会设法阻止他。

富兰克林找好友柯林斯帮忙。柯林斯找到一只前往纽约州的帆船，告诉那船长说，他的一个朋友因为惹上了一些事情，不能明目张胆地上船离开此地。船长听了后，答应让富兰克林悄悄上船，带他离开波士顿。1723 年 9 月底，17 岁的富兰克林变卖了一部分书籍，凑了一点钱，悄悄地离家出走了。3 天后，他到达了纽约。

安身费城

富兰克林认为自己是一名熟练的印刷工人，他到了纽约准备靠自己的手艺谋生，他四处打听哪里有印刷所。几经波折，他找到当地一家印刷所的老板威廉·布拉福德，请求他给自己一份工作。

布拉福德原是宾夕法尼亚第一家印刷所的老板，几年前，他自己把业务迁到了纽约，将费城的店铺留给儿子安德鲁·布拉福德经营。他听了富兰克林的请求，告诉这个年轻人，自己不缺人手，但是他在费城的儿子刚好缺人，如果富兰克林到费城去，也许能找到工作。富兰克林看到了新的希望，他决定到距纽约 100 英里的费城去寻找工作，于是继续前进。

听说在 50 英里以外的柏林顿有船去费城，富兰克林冒着大雨，经过两天的跋涉，徒步走到那里。令人沮丧的是，开往费城的定期航船在他到达前不久已经起程离港，而下一班去费城的船要到下星期二才有。富兰克林十分无奈，可是当天下午，富兰克林来到河边散步，和一条新到的航船上的人聊了几句，竟然得知这条船是到费城去的。他当即上了船，没过多久船就起航了。第二天早上8点左右，船在费城的市场街码头靠了岸。

这时的富兰克林样子十分寒酸，因为他没带行李，身上还一直穿着那套工作服。上了岸后，又累又饿的富兰克林来到城中的一家面包铺，向店家买了三个便士的面包。出乎富兰克林意料的是，店家给了他三个很大的面包，原来费城的物价远比波士顿低。

富兰克林手里拿着一个面包，两臂各夹着一个大面包，一路上边走边吃。经过一户人家时，一位姑娘站在门口，吃惊地看着富兰克林边走边狼吞虎咽的样子。富兰克林看了她一眼，觉得很难为情，赶紧低头离开了。当天夜里，由于无处安身，富兰克林来到市场附近一所教友会信徒的大会堂，饱餐了一顿以后，富兰克林一直睡到了第二天清晨。第二天，富兰克林收拾了一番，前往安德鲁·布拉福德的印刷所求职。

在印刷所里，富兰克林竟然同时见到了布拉福德父子二人。原来，威廉·布拉福德从纽约骑马先到了费城。父子俩招待富兰克林吃过早餐，然后告诉他，印刷所最近刚添了一个工人，因此不需要人手，但城里一家新开的印刷所或许需要人手。如果那家印刷所也不要人，富兰克林也可以暂时在这里干些零活，直到他找到工作。听到这里，富兰克林开始觉得有些不安。

老布拉福德热心地带他到新开的印刷所去见老板凯梅尔。

凯梅尔和富兰克林交谈了一番，答应过几天就雇用富兰克林。于是几天之后，富兰克林从布拉福德那里搬出来，住到新老板凯梅尔的印刷所里。

富兰克林发现凯梅尔的印刷所设备很破旧，而且这位老板只会排字，不是很懂印刷。但凯梅尔有些学识，有时还写点诗，尽管写得不太好。富兰克林对自己的印刷技术充满信心，觉得在这里可以充分发挥自己的长处。工作安排好了，就得找个地方长期住下来。老板凯梅尔自为了安置富兰克林，在自己的房东里德先生家里为这位新帮工找了间房。富兰克林搬到自己的新住处时，发现这就是他初到费城那天啃着面包经过的那家屋宅，那天站在门口看到他狼狈模样的女孩正是房东的女儿里德小姐。当然，这时的富兰克林早已穿上得体的衣服，收拾了一番，看起来体面多了。

就这样，富兰克林在费城安下了身。白天他去印刷所上班，晚上就在城里与新结识的喜爱读书的伙伴们一起探讨各种问题。由于勤劳肯干，又生性节俭，没过多久他就攒了一点钱，生活逐渐走上了正轨。

那时候富兰克林依然不敢和家里人联系，他只给好友柯林斯一个人写信。柯林斯很尊重富兰克林的想法，没有把他的落脚地告诉其他人。不过，没过多久，一个意外改变了富兰克林的生活，他不得不重返故乡波士顿。

第二章

勤劳的青年

受人赏识

富兰克林和朋友们

受到欺骗

柳暗花明

活跃的小团体

受人赏识

富兰克林有一个姐姐，嫁给了一位往返于波士顿和特拉华的商船的船主。他的这位姐夫偶然间得到了富兰克林的消息，便写信给身在费城的富兰克林。他在信中向富兰克林保证，只要他回到波士顿，亲友们一定会热情地欢迎他，还告诉他波士顿的亲友们对他的突然出走感到很伤心，不知他到底去了哪里，对他十分思念。富兰克林在回信中对姐夫的善意劝告表示感激，还详尽地陈述了自己离开波士顿的理由。

几天以后，两位衣冠楚楚的绅士走进了印刷所，其中一位竟然是宾夕法尼亚州的州长吉斯先生，和州长同来的人是弗兰奇上校。富兰克林正同老板凯梅尔一起在工作，凯梅尔以为这两人是来找自己的，便立刻跑去迎接。不料两人竟然说要拜访“富兰克林先生”，他们彬彬有礼地向富兰克林问候，并邀请他去附近的酒店就餐，边吃边谈。富兰克林高兴地答应了，随他们走了出去。凯梅尔在一旁看得目瞪口呆，不知道这个帮工是如何结识这些大人物的。

原来，富兰克林给姐夫霍尔莫斯写的那封回信送达时，霍尔莫斯碰巧跟吉斯州长在一起谈论事情，霍尔莫斯把富兰克林的回信拿给他看，还向州长谈起自己的这位内弟。吉斯州长看了富兰克林的信后对霍尔莫斯说，这个人很有才华和主见，而且志向远大，应当给予帮助和鼓励。接着，他告诉霍尔莫斯，费城的印刷所印刷质量低劣，只要富兰克林有志在那里开印刷所，一定能开创出一片新天地。他还表示愿意帮助富兰克林招揽公文印刷的生意，还可以在其他方面给些照顾。吉斯回到费城以后，信守自己的诺言，果然亲自来同富兰克林谈开办印刷所的事情。

富兰克林和吉斯州长、弗兰奇上校一同走进一家酒馆，开始商讨事情。州长劝富兰克林自己开一家印刷所，他和弗兰奇上校两人都向富兰克林保证，要利用自己的影响力为他招揽军、政两方面的生意。富兰克林说自己没有本钱，父亲有点积蓄却不一定愿意出资帮助自己独立开业。州长马上表示可以写一封信让富兰克林带给他的父亲约赛亚，说服他帮助富兰克林。当下三人商定，富兰克林乘下一班船回波士顿，寻求父亲的帮助。

1724 年 4 月底，富兰克林带着州长写的一封信，向凯梅尔告了假，登船返回阔别了半年之久的故乡。两个多星期后，富兰克林抵达波士顿。当他忽然出现在家人面前时，父母、兄弟、姐妹都忙着问候他、款待他，全家人都喜出望外，只有一个人看起来不太高兴，那就是富兰克林以前的老板——哥哥詹姆士。

父亲看了吉斯州长的信，不明白这位州长为何要帮助一个素不相识的人，感到十分诧异。直到女婿霍尔莫斯船长回到了波士顿，他把那封信拿给女婿看，霍尔莫斯才告诉岳父整件事情的来龙去脉。霍尔莫斯说这一计划很有可行性，但富兰克林的父亲约赛亚认为富兰克林太年轻，根本无法承担如此重担。因此，他虽然感谢州长对儿子的赞赏和栽培，但表示自己不能资助儿子开业，原因是儿子太年轻，无法开办和管理一个企业。不过，约赛亚对儿子给予了很大的肯定，认为他能在举目无亲的环境中安下身来并得到州长的赏识，说明他是一个很有能力的人。

富兰克林去看望了哥哥詹姆士，印刷所的工人们热情地围着他，七嘴八舌地打听费城的各种事情，并问他在那里生活得如何。那天，富兰克林穿了一身考究时髦的新西装，挂着一块怀表，看起来仪表堂堂。当工人们问他费城用什么样的钱时，他拿出一把银币给他们看，还送了一块钱给他们买酒。詹姆士对他却很冷淡，他认为自己的弟弟是在向他示威，在他的工人面前显摆，为的就是羞辱他。

在那几天里，富兰克林还看望了孩提时代的朋友柯林斯。柯林斯听说富兰克林在费城过得不错，还结识了一些喜欢读书的朋友，决定辞去在邮局的工作，前往费城发展。两人约定在纽约碰头，然后再一起去费城。

由于詹姆士对富兰克林很不友好，父亲约赛亚感到很为难。他只得同意富兰克林返回费城。于是，富兰克林在回家一个月后，又坐船返回费城。临行前，约赛亚对儿子说，只要富兰克林辛勤劳动并努力省钱，到三年之后，他就有可能攒足资金去开业。如果那时富兰克林的资金还是不够，他愿意出钱相助。

富兰克林和朋友们

返回费城的途中，船停靠罗德艾兰港，富兰克林探望了在那里安家的哥哥约翰。约翰说一个宾夕法尼亚的人欠他的朋友弗农约 35 英镑，请弟弟代收这笔债款并代为保管，如果他收回了钱，就将款项邮寄给自己，为此，他给了富兰克林一张汇票。富兰克林答应了，不过他没有想到，这件事将给他带来不少困扰。

富兰克林乘船时，带着自己和好友柯林斯的书籍，因为在当时，拥有这么多书的人是不多的，况且带书的人看起来还是一个未成年人，这引起了船长的注意。船到纽约以后，纽约州的州长伯内特听到船长提起他的乘客中有一个年轻人带了一大堆书，便要船长把这个不同寻常的年轻人带去见他。富兰克林去了后，受到这位州长的热情接待。州长得知富兰克林只是一个帮工，而且还这么年轻，感到很吃惊。他对这个年轻人的学识赞叹不已，带领富兰克林参观了州长的藏书室，两人谈起了一些作家和他们的作品，这让富兰克林十分高兴。

富兰克林和柯林斯在纽约会合以后，一起回到了费城。他把父亲的信给吉斯州长看了，吉斯说："既然你父亲不愿帮你，那我来帮你吧。你把必须从英国购买的东西列一张单子，由我去采购。我要让宾夕法尼亚州有一家最好的印刷所，我也相信你一定会成功。"富兰克林被吉斯先生的诚意打动，便列出了一家小型印刷所需要的设备和物品，总价值100英镑左右。吉斯看了以后，提出由富兰克林自己去英国选购。这样他不仅可以检查各种设备的质量，而且可以借机认识一些书商，为日后销售书籍开辟渠道。当时有一艘商船往返于伦敦和费城之间，一年只有一趟，离下次起程还有几个月时间，富兰克林毫不犹豫地答应了下来。事情定下来后，富兰克林继续在凯梅尔的印刷所做工，并对自己将去英国之事守口如瓶。

就在这段时间内，富兰克林和好友柯林斯的关系却闹崩了。柯林斯和富兰克林从童年时期起就是好友，自幼读同样的书，有着同样的喜好。由于生活环境较好，他花在学习上的时间更多，许多方面的知识都远远超过了富兰克林，被当地的一些人看作是前程远大的青年。然而就在富兰克林离开波士顿的几个月中，他却染上了酗酒的恶习。就在这次到费城来的途中，他几乎每天酗酒，喝醉了就开始瞎闹。更糟糕的是他还赌博，由于他总是输钱，所以他来费城的旅费和在费城的生活费全部由富兰克林替他承担。到了费城以后，柯林斯找了几次工作，可是由于他好酒贪杯，还经常赌博，所以没人愿意雇用他，因此他只能靠向富兰克林借钱度日。

当时，富兰克林已经帮哥哥的朋友弗农收回了欠款。由于要承担柯林斯的生活费用，又借了一些钱给他，所以富兰克林不得不动用哥哥好友的钱。多年以后，富兰克林依然认为自己当年动用他人委托保管的钱财是他“一生中早期的一个重大错误。”

由于柯林斯找不到工作，而且经常喝酒后乱发脾气，所以富兰克林偶尔会和他发生冲突。一次，两人和另外几个年轻人在特拉华河上划船游玩，轮到柯林斯划时，他却拒绝了，要富兰克林帮他划。富兰克林很生气，坚决不肯划。柯林斯却以要将富兰克林扔入河中相威胁，一定要他划，说着还向富兰克林走过来。富兰克林一怒之下抓住他的腿，将他头朝下摔入水中。从那以后，两人的不和公开了。

后来，柯林斯找到一份家庭教师的工作，雇主住在西印度群岛的巴巴多斯群岛，他得去那里工作。临别前，柯林斯对富兰克林保证，他拿到工钱后就还清欠富兰克林的钱。不过，从那以后，富兰克林再也没有得到他的消息。

在这段日子里，富兰克林和房东里德先生的女儿黛博勒·里德小姐日久生情，开始恋爱了，并且到了谈婚论嫁的地步。但是，两人的婚事遭到里德太太的坚决反对。里德太太认为他们都很年轻，刚满 18 岁，没有什么钱。还有，她知道富兰克林即将去英国办事，因而提出，如果两人要结婚，必须等到富兰克林从海外归来、自己开业之时。

此时富兰克林在费城结交了几个朋友，其中交往最多的是查理·奥斯本和约瑟夫·沃森。他们和一个叫詹姆斯·拉尔夫的商店店员经常来往，每到星期日，四个人常常到斯古基尔河畔的森林里散步。他们轮流朗读自己喜欢的作品，然后再一起讨论。几年后，沃森因病去世，奥斯本去了西印度群岛，后来成为当地有名的律师，赚了不少钱，可惜也是英年早逝。只有拉尔夫和富兰克林一起去了英国，共同经历了风风雨雨。

拉尔夫听说富兰克林要去英国，就说自己也想去伦敦，他想去找一个英国商人，在美洲代销英国货物，以赚取代理费。富兰克林听了很高兴，和拉尔夫约定一起去伦敦。

开往伦敦的船过几天就要起航了，富兰克林却还在焦急地等着吉斯州长的信。这些信是吉斯州长托富兰克林带给他在英国的朋友的，只有靠这些信件的介绍和推荐，富兰克林才能从英国的银行取到款项，完成此次远行的使命。

富兰克林屡次登门拜访，都没有拿到那些信件。直到开船的前一天，富兰克林最后一次去取信并向吉斯州长辞行时，州长的秘书鲍尔德博士告诉他，说州长正在写信，这艘船将在纽卡斯尔港停靠，那时州长会把信件亲自交给富兰克林。富兰克林听了，这才放心离去。

受到欺骗

富兰克林辞别了朋友们，和黛博勒依依惜别，与好友拉尔夫一同登船离开了费城。不久，船在纽卡斯尔港停靠，吉斯州长说自己公务缠身，无暇接见富兰克林，仍是派秘书过来，说一定会派人将信送到船上去。富兰克林无奈，只得回到船上耐心等待。

当时，船上的头等舱和二等舱已经被几位有钱人给包下了，富兰克林和拉尔夫只能乘坐三等舱。就在船快开的时候，弗兰奇上校到船上来了，他很客气地和富兰克林打招呼，并问候他，这使得其他乘客对这两个年轻人刮目相看，认为这两人很有来头。碰巧头等舱里的两位乘客突然有事无法去伦敦，因此头等舱里的几位乘客便邀请这两位“来头不小”的年轻人到头等舱里住。

弗兰奇上校下船离去后，富兰克林以为他已经把吉斯州长的信送到船上了，便向船长要那些信。船长答应在到达英国前把那些信交给他。但是在船即将抵达伦敦的时候，富兰克林去船上的信袋中找那些信，却找不到一封托他面交的信。他看到一封是写给皇家印刷所的巴斯克特的，另几封是写给文具商人的，认为这些信就是州长托自己面交的信，就把这些信带在了身上。

1724年12月24日，富兰克林一行到达了伦敦。他先按信封上的地址找到一个文具商，把信交给了他。谁料文具商拆信看过，却骂骂咧咧地说："哼！这根本不是什么州长写给我的信，而是列德斯顿这个骗子写来的，我和他早没有来往，我也不收他的信。"说完，他把信退给了富兰克林。

得知此信并非吉斯州长写的，富兰克林顿时愣住了。他找到在船上新结识的年长的朋友托马斯·德纳姆先生，把事情的经过全都告诉了他。德纳姆听完后，认为吉斯州长根本没有替富兰克林写什么信。他们看了那封列德斯顿写的信，发现里面涉及一个陷害别人的阴谋，吉斯州长和列德斯顿都牵涉其中。他们决定把这件事告知这位被陷害的人，后来，这个人和富兰克林成了朋友。至于吉斯州长，尽管富兰克林后来承认他不失为一位好州长，但仍对于他当年欺骗自己的行为感到十分愤慨。

偌大的伦敦城，富兰克林和拉尔夫二人可谓是举目无亲，身上也没有什么钱。因为根本没有所谓的介绍信，他们的住宿和生活都成了问题。德纳姆先生劝富兰克林先找份工作维持生活，并积攒回费城的旅费。很快富兰克林就在一家著名印刷所找到了工作，印刷所的老板叫塞缪尔·帕尔默。

在此期间，富兰克林结交了住处附近的一个书商，两人达成协议：富兰克林交给书商一小笔钱，他可以借阅那里的任何书籍。富兰克林用这种方法，阅读到了大量的书籍。

在印刷所工作期间，富兰克林负责为一本名叫《自然宗教》的书排字。在排字过程中，他发现书中有些理论的论证并不充分，便写了一篇短短的哲学论文《自由与贫困、快乐与痛苦论》，批评书中的理论。老板帕尔默因此格外器重他，因为他看出了富兰克林是个有才能的人。

富兰克林将自己写的文章印了 100 份，发给身边的一些朋友看。其中一份偶然地落入了外科医生莱恩斯手中，莱恩斯曾写过一本《人类判断的不谬性》，也算是小有名气的作家。他对富兰克林的观点十分赞同，于是前来和富兰克林讨论，两人因此而相识。他介绍富兰克林认识了《蜜蜂的寓言》的作者伯纳德·曼德维尔和彭伯顿博士，从此富兰克林开始和英国的知识界人士交往。

彭伯顿答应富兰克林，如果有机会，他将带这个年轻人去见伊萨克·牛顿爵士。牛顿在 1703 年成为英国皇家学会的会长，同时也是法国科学院的会员，声誉如日中天。富兰克林很想见一下这位科学伟人，可惜后来一直没能见到。

到了伦敦以后，富兰克林才知道拉尔夫来英国根本不是为了做生意，而是因为对妻子的亲戚不满，一气之下便抛妻弃子来到了伦敦。拉尔夫的钱全部用来买了船票，已是囊空如洗，他在伦敦的亲戚也无力帮助他。拉尔夫一直找不到合适的工作，他和富兰克林住在一起，在富兰克林找到工作之前，两人只能靠富兰克林带出来的少量钱财生活。很快，富兰克林带来的那点钱就花光了，好在他找到了一份工作，勉强能维持两人的生活。

不久，拉尔夫结识了伦敦的一个年轻女帽商，并住在了一起。因为他在美国有老婆孩子，害怕别人知道他的老底，同时也是为了表示对好友富兰克林的感谢，拉尔夫便用了富兰克林的姓，给自己起了个新名字。但由于他没有工作，女帽商的收入又很少，拉尔夫便离开伦敦，到附近的乡下当了一名教师。拉尔夫虽然改名换姓去了乡下，那个女帽商依然经常到富兰克林的住所来找他。有困难的时候，她找不到拉尔夫，便向富兰克林借钱。这位女商人受过很好的教育，聪慧活泼，富兰克林不觉对她产生了好感，一时冲动之下向那位女商人表达了仰慕之情。女商人拒绝了富兰克林，并将此事告诉了拉尔夫。拉尔夫认为富兰克林乘人之危，于是和他断绝了来往。

为了得到更好的职位，富兰克林于 1725 年年底离开了帕尔默的印刷所，到瓦茨印刷所当一名印刷工。这是一家规模更大的印刷所。这家印刷所约有 50 名工人，全都嗜好喝啤酒，而富兰克林是唯一不喝酒的工人，大家称他为“喝水的美洲人”。他从不缺勤，这让老板对他另眼相看。在排字间工作期间，由于他排字异常迅速，便总是被派去完成急件的工作，而这类工作的报酬一般比较高，他的生活也因此大大改善了。

富兰克林在瓦茨印刷所结识了一位新朋友，一个叫威格特的工人。威格特在工人中鹤立鸡群，因为有位有钱的亲戚，他懂一些拉丁文，会说法语，喜爱读书。威格特还向富兰克林提议一同去欧洲旅行，靠在各地印刷所打工维持生活，这一提议得到富兰克林的赞同。

在伦敦生活的这段日子里，富兰克林和在船上认识的朋友德纳姆一直有联系。德纳姆曾在英国的布列斯托尔经商亏了本，欠了许多债。那些债主见他破了产，无力偿还，便免除了他的债务。德纳姆背井离乡，去了英国在北美的殖民地。他在那里做生意发了大财，这次回英国就是为了还债。他设宴款待旧日的债主们，以感谢他们当年的善意，客人们则表示债务早已一笔勾销。但是宴会结束后，那些债主发现各自的盘子下都放着一张支票，上面的款额正是当年德纳姆的债款，还加上了这些年来的利息。富兰克林听说此事后，对德纳姆更加尊敬了。

富兰克林把他和威格特准备环游欧洲的计划说给德纳姆听，德纳姆听了后不以为然，劝富兰克林仍应作准备回到费城去。他告诉富兰克林，自己不久后将回到费城，准备在那里开设一家商号，目前正在采购货物。最后他提出愿意雇用富兰克林为店员，替自己管账、守店，并允诺将来要提拔富兰克林，使他发财致富。富兰克林认为跟着德纳姆先生这样的人干才有前途，所以他立即答应了下来。

富兰克林辞去了在瓦茨印刷所的工作，并就不能与威格特一同去欧洲旅行一事向他表示了歉意。离开印刷所以后，富兰克林日日伴随德纳姆先生，忙着到北美开店的各种准备工作。1726年7月23日，富兰克林随德纳姆从伯克郡的格雷夫森德上船，向北美洲扬帆而去。富兰克林用以支付船费的是德纳姆预付的10英镑工钱。

柳暗花明

1726 年 10 月 11 日早晨，富兰克林欢天喜地地扑向久违了的美洲故乡，兴高采烈地投入他一心向往的新生活。

回到费城后的最初四五个月，富兰克林忙于他的新活计。德纳姆先生在水街租下一家店面，在那里出售从伦敦购回的货物。两人如同父子一般同吃同住，料理铺子。富兰克林平日照料生意，跟德纳姆学习记账，不久就知道了如何做买卖。

谁知好景不长。1727 年 2 月，德纳姆和富兰克林两人同时病倒了。富兰克林得了肋膜炎，病情一度恶化，濒于死亡的边缘。但他年轻的生命力终于战胜了病魔，从死神那里逃过一劫，可是德纳姆却一病不起，铺子由遗嘱执行人接管，富兰克林也因此失去了在德纳姆铺子里的工作。刚刚年满 21 岁的富兰克林得重新规划自己的生活。

正在费城的姐夫霍尔莫斯劝他仍从印刷业谋出路，原来的雇主凯梅尔为腾出空来照料新开不久的文具店，也以高薪为条件，希望富兰克林回他的印刷所，替他管理印刷方面的生意。富兰克林接受了凯梅尔店里的职务，成了一名工头。

在凯梅尔的印刷所里，富兰克林除了负责印刷业务的日常管理，教给学徒工们印刷技术，还凭借自己在伦敦两家印刷所工作中得来的经验，设法替印刷所制造油墨，铸造铅字，还兼任仓库保管员，赢得了店里学徒工们的尊敬。凯梅尔对此看在眼里，更加看重富兰克林。

在这段时间里，富兰克林在礼拜六和礼拜日两天在厂里读书。因为礼拜六是凯梅尔自定的休息日，全店人员均不上工。他还和以前的诗友们继续往来，并认识了城里一些有发明天赋的人。

半年以后，凯梅尔觉得印刷所里的工作已经走上了正轨，而富兰克林拿的工资却太高。他对富兰克林的态度变了，经常摆起老板的架子，对富兰克林的工作也越来越不满。

有一天，富兰克林工作时听到外面有巨大的喧嚣声，他忍不住把头伸出窗外，想看看发生了什么事情。正在外面街上的凯梅尔见了，立即指责他不认真工作，凯梅尔还冲上楼来对富兰克林叫嚷不止。双方很快便开始争吵起来。凯梅尔宣布，依照合同，限富兰克林 3 个月内离开。富兰克林则回敬他的老板说，自己马上就走。说完，富兰克林拿起自己的帽子，下楼去了。出大门前，他让工人梅莱迪斯将他留在印刷所里的个人物品送到他的住处来。

梅莱迪斯是一位祖籍威尔士的宾夕法尼亚人，来费城以前是个庄稼汉，已经30岁了。当天晚上，梅莱迪斯把富兰克林的东西送过去了，他告诉富兰克林，他对富兰克林的为人十分敬佩，既然富兰克林离开了凯梅尔的印刷所，他也不想在那里干下去了。他还告诉富兰克林，凯梅尔早已资不抵债，而且凯梅尔不善经营，这个印刷所迟早会倒闭。

富兰克林再度失业，他本来想返回波士顿老家，可是听了这话以后，他灵机一动，想到自己也可以开家印刷所，但是他苦于没有资金。梅莱迪斯说："我和凯梅尔的合同在明年春天期满，到那时候我在伦敦买的印刷机和铅字就会到了。我的技术不好，你却有技术，如果你管业务，我出资本，所获利润我们平分。钱的事情我能解决，我父亲愿意帮助我。"富兰克林欣然接受了梅莱迪斯的建议，将需要购买的设备开了一张清单，交给梅莱迪斯的父亲老梅莱迪斯。大家约定，在机器运到之前严守秘密，富兰克林则先在别的印刷所找些活干。

正在这时，凯梅尔措辞十分谦恭地给富兰克林写了一封信。在信中，凯梅尔说现在很后悔，自己当初只是一时之气，希望富兰克林能回到他的印刷所继续工作。原来，凯梅尔想招揽新泽西州印刷纸币的生意，这需要富兰克林这样的人才为他铸造所需的铅字、制造雕版。同时，他还担心印刷业上的对手布拉福德会雇用富兰克林。

富兰克林在梅莱迪斯的劝说下回到了凯梅尔的印刷所里，

凯梅尔则成功地揽到了那笔生意。凯梅尔大赚了一笔，富兰克林的经济状况也有所改善。在为新泽西州印刷纸币的这段时间里，富兰克林和新泽西监管纸币发行、印刷的委员会成员打交道，认识了很多友谊维持一生的好朋友，如新泽西州的法官爱伦，州议会秘书萨穆尔·布士特尔，议员约瑟·库柏和测量局局长爱瑟·迪科等，这些人对他大有帮助。

1728 年初，新的印刷设备从英国运到了费城，富兰克林和梅莱迪斯辞去了在凯梅尔的印刷所的工作。他们在费城的市场街租了一间房屋，为了减轻租金负担，两人与爱好数学的釉工托马斯·戈德弗雷一家同住。安装好印刷机，一家新的印刷所便在费城开张了。从此，富兰克林开始了他作为一名商人的生涯。

活跃的小团体

在富兰克林离开凯梅尔的印刷所前后，1727 年秋天，他和几个朋友组织了一个“共读社”，这是个交流和切磋知识的团体，社里的成员限定为 12 人。除了富兰克林和梅莱迪斯外，还有一个名叫史蒂芬·波茨的农家青年，他聪明、幽默，但有些散漫习气；还有一个叫乔治·韦伯，原是牛津大学学生，他活泼幽默、性格温厚、谈吐风趣，但生性懒惰，为人轻率，他是因欠债而沦为凯梅尔的契约工的，这两人是凯梅尔印刷所的工人。另一些最早的共读社社员还有：好脾气、重情义的抄写员约瑟夫·布伦特纳尔；自学成才，但除数学外别无所知，发言极端，没过多久就离社而去的数学家托马斯·戈德弗雷；爱读书，偶尔写写诗，后来当了测量局局长的测量员尼古拉·斯科尔；喜欢读书，懂得不少数学知识，后来也成为测量局局长的鞋匠威廉·帕尔逊；稳重且有主见，做事一丝不苟的木匠威廉·毛格里奇；慷慨、聪明，喜欢开玩笑，善交朋友的青年绅士罗伯特·格雷斯；给一个商人当文书，头脑极为冷静清醒，心地善良，为人正直，后来成为有名的商人威廉·科尔曼等。

共读社的年轻人会每月举行一次聚会，在宜人的季节里，地点就在河对岸的野外。聚会时，他们经常讨论各种各样的问题。可以说，共读社的活动在探讨知识之外，还具有联谊的性质。由于富兰克林始终如一的兴趣和毅力，共读社这个小团体活跃了30年之久。

共读社的活动既有益于增长知识，又符合年轻人的趣味，一些社员便想介绍自己的朋友入会。但以富兰克林为首的部分社员反对打破从一开始就决定下来的12人的限额，因为他们的这一团体一直处于秘密状态，以免有不便拒绝的不良分子申请入社。因此，富兰克林提议每名社员分头组织一个分社，采用相同的活动方式，但不公开它们同共读社的联系。富兰克林认为，这样做可以使更多的青年通过社团得到提升，还可以通过更广泛的推荐和介绍，增进各人业务上的利益，把共读社的主张和看法传播给各分社，加强共读社的政治影响力和为社会服务的力量。富兰克林的计划通过后，大家成功地组成了五六个分社。这些分社的建立在后来的一些特殊事件中发挥了影响公众舆论的作用，正如富兰克林所言。

在和同伴们共同探讨各类问题的过程中，有一个问题常常在富兰克林的脑海中浮现：人在社会历史发展中起着什么样的作用？如何起作用？如何保证人们在社会生活和人际关系中有正当的表现以有利于社会进步？为了探求准确的答案，他广泛地阅读各种书籍。

富兰克林在阅读历史书籍时，发现政党推进和影响着世界大事，这些政党的观点代表着他们的利益，引起了一切混乱。因此他提出，很有必要把各国有道德的、善良的人组织起来，成立一个正规的团体，称之为“联合道德党”，党员要服从妥善、适当而明智的党章。他打算写一部《道德的艺术》来作为他心中“道德党”的基本信条，但他始终未能将这一写作计划付诸实践，也没有时间组建他的关于道德的团体，不过他本人却实实在在地照此实行。他制作了一本小册子，每一页写上一种美德的名称，每天他检查出自己在哪一方面有过失，便在该项德行下进行记录。富兰克林用这种办法，来努力提高自己的修养。

1730 年，他提出了自己第一项公益事业的计划。那是在共读社的一次例会上，富兰克林提议把大家的书籍集中起来，放在聚会的地方，不但便于在讨论时引证书中的内容，而且每个人还可利用其他成员的书籍，这样每个人可以阅读的书籍都增多了。大家听了都很赞同，便照这样办了。但是一年以后，各人又把自己的书拿回去了，因为大家发现那些书缺乏应有的保管，只是放在房间的一角，阅读很不方便。这时富兰克林又提出建立一个订阅图书的计划，并请公证人查理·布劳克顿将它写成订阅合同条款。按照合同，每一订阅户第一年付 40 先令作为第一批购书费用，以后每年出10先令用来添购图书，合同期限50年。1731年7月1日，有50个订阅户签订了合同，富兰克林的姓名排在图书馆董事会名单的最前面。1732年10月，图书馆的总部设在格雷斯家中，后来又迁到威廉家中，每星期三下午2点到3点和每星期六的上午10点到下午4点由一名图书管理员照管。任何一位“文明绅士”皆可借阅图书，但能够把书借出馆去的只有订阅户和曾帮助他们选择、拟定第一批购买书目的詹姆斯·洛根。12月1日，富兰克林把书目印出，发给每一个订阅户。第二年，他当了3个月的图书管理员。

富兰克林在接下来的一年多时间里，一直在为图书馆的经营和发展劳神费力，这家图书馆是北美所有订阅图书馆的鼻祖。

第三章

大展拳脚

《宾夕法尼亚报》

好聚好散

春风得意

近代电学的奠基人

《宾夕法尼亚报》

1728年的费城，文化气氛远不如波士顿，除了神学小册子和宣传册，几乎没有印刷品，书籍很难卖得出去。当时凯梅尔的印刷生意每况愈下，而他的竞争对手布拉福德当上了费城邮政局的局长，通过邮差传送他的报纸，还借助其官方印刷所的优势得到为官方印刷法律、公文、宣言等有利可图的业务，发展得越来越壮大。就是在这种情况下，富兰克林和梅莱迪斯离开了凯梅尔的印刷所，费城的第三家印刷所开张了。

富兰克林分析了自己的优势：自己不仅仅是一名有技术的印刷工匠，还是一名很好的写作者；自己有共读社的社交圈；自己有雄心勃勃的计划和生意人的头脑，与凯梅尔的不近人情和布拉福德的因循守旧不可同日而语。富兰克林暗下决心，不仅要让印刷所生存下去，而且要打败对手。

富兰克林的印刷所开张后不久，就揽到了一笔生意。共读社的布伦特纳尔为富兰克林联络，印刷教友会的四开本历史书中的40印张，其余的由凯梅尔承印。尽管利润微薄，富兰克林和梅莱迪斯还是竭尽全力。富兰克林一天排好一个印张的字，梅莱迪斯则负责将它印出来。两人每天都工作到半夜。有一次，富兰克林排好版正要下班时，其中有一版不小心被碰掉了，有两页的活字全弄乱了。富兰克林马上拆了版，重新排好后才上床睡觉。这样的勤劳工作使得他们的活完成得既快又好，既在客户中渐有口碑，也在费城人中间赢来了声誉。

当时的费城只有一家报纸，内容枯燥无味，就是布拉福德的《美洲信使周报》，但因独此一家，仍能获利。富兰克林计划着办一份自己的报纸，他有自信能办好，因为他曾为波士顿第一家生气勃勃的报纸工作过。这时，共读社的社友乔治·韦伯从凯梅尔那里解除了合同，想到富兰克林的店里工作。富兰克林告诉他说，现在还没法雇用他，但不久他要办一份报纸，那时韦伯便可得到一份工作了。谁知道韦伯竟然将这一消息透露给了凯梅尔，凯梅尔抢先一步，于1728年10月宣布他要办报的消息。

得知此事后，富兰克林十分愤慨，但自己一时还无力办报，便以《好事者》为总题目，在布拉福德的《美洲信使周报》上发表了几篇有趣的文章，受到了读者的欢迎。

1728年12月，凯梅尔的报纸《宾夕法尼亚报》第1期问世时，订户并不多，凯梅尔又写不出富兰克林那样的文章，加上管理不善，报纸越来越不景气，订户最多时都不超过90户。9

个月以后，凯梅尔债务缠身，把报纸贱价卖给了富兰克林，并将印刷所卖给了自己以前的学徒大卫·哈里。

1729 年 10 月 20 日，富兰克林的报纸《宾夕法尼亚报》开始印行。他给作为编辑的自己写信，然后回信。他撰写幽默的讽刺小品、广告。他小心翼翼地避免评论市政当局和宗教事务，以免重蹈当年哥哥詹姆士和自己在波士顿的覆辙。他一直坚持出版自由，但拒绝刊登诽谤性和带有人身攻击意味的文章。在很长的一段时期中，他既是报纸的印刷者，又是报纸的撰稿人。

凯梅尔事业失败离开费城后，富兰克林面对的是更为强大的对手布拉福德。富兰克林的报纸一印出来，就以字体清晰、印刷精美超过了当地已发行的报纸，给费城读者留下了深刻印象。但布拉福德利用手中邮政局局长的职权，命令邮差不得邮递《宾夕法尼亚报》。富兰克林只得暗中贿赂邮差，请他们帮自己将报纸送到订户家中。

当时，马萨诸塞州的州长和议会之间正好发生了争执，一些领袖人物注意到了《宾夕法尼亚报》上登出的评论文章。由于他们经常谈到这家报纸和它的发行人，等着读它下一期的评论文章，这些领袖人物在几个星期后都成了新报纸的订户，后来就有不少人又风订阅《宾夕法尼亚报》。富兰克林的写作才能又一次帮助了他的商业事务，并使他进入当地领袖人物的视线中。

当时，布拉福德还是政府部门各种公文、选票、法律条文的承印人。有一次，他把州议会给州长的请愿书印得粗劣不堪，错字连篇。富兰克林觉得这是个好机会，他主动将请愿书重新印了一遍，然后给每一名议员寄去。富兰克林的朋友汉密尔顿等人提议，把下一年度即1730年宾夕法尼亚州的政府文件交由富兰克林和梅莱迪斯印刷所承印，州议会很快就通过了这项提议。

好聚好散

印刷所虽然是富兰克林和梅莱迪斯合伙经营的，但从独立开业起，印刷所里的业务实际上全部由富兰克林负责。梅莱迪斯特别喜欢喝酒，常醉醺醺地在街上闲逛或在酒馆里赌博，他不会排字，也不精通印刷技术。富兰克林的朋友都认为他不应和这样的人合伙，但是富兰克林不愿意和在困难时帮助过自己的朋友散伙。

按照当初富兰克林和梅莱迪斯合伙时的协议，梅莱迪斯的父亲应付印刷设备的费用。但老梅莱迪斯付了 100 英镑后便付不出了，而且他还欠了一个商人 100 英镑。商人向法院起诉，要求印刷所还钱，这使印刷所面临倒闭的危险。这时，共读社社友科尔曼和格雷斯都向富兰克林表示愿意垫付所需款项，条件是印刷所由富兰克林单独经营。富兰克林不忍向曾经帮助自己的梅莱迪斯提出散伙，直到无法筹措资金偿付那个商人的债款时，富兰克林才对梅莱迪斯说，若是其父只愿为他一人垫付钱款，自己愿退出合伙，离开此地。梅莱迪斯表达了自己的意愿，只要富兰克林愿意承担印刷所的债务，归还其父垫付的100英镑，替他还清他个人的零星欠款，再付给他30英镑和一副新马鞍，便可得到全部股权和印刷所的全部产权。因为他父亲确实无力垫付这笔钱款，他本人也不能胜任印刷所的工作，梅莱迪斯打算到北卡罗来纳去务农。富兰克林同意了。办完手续后，梅莱迪斯便去了北卡罗来纳，两个朋友最终好聚好散。从此，富兰克林成了印刷所的独立业主。

1732年5月11日，富兰克林印出了他独自经营后的第一期《宾夕法尼亚报》。富兰克林为了经营好印刷所，生活简朴，从不去乱七八糟的娱乐场所，也从不出去钓鱼打猎，他把全部的精力都放在了印刷所的经营上，有时甚至亲自把从纸店购得的纸张装在独轮车上推回家。这样一来，人们都知道富兰克林是一个勤劳上进的青年，守信用、不拖欠，大家都愿意和他打交道。勤劳、谨慎的经营使富兰克林的生意蒸蒸日上。此后，富兰克林逐步还清为了创办印刷所而欠下的债务。

后来，哥哥的朋友弗农来信催讨欠款。富兰克林在回信中承认了自己挪用这笔钱的过错，并请求延期偿还，弗农答应了。富兰克林在生意好转以后，立即寄还了这笔钱的本息，总算了却了一桩心事。

1728至1729年之间，宾夕法尼亚出现了关于发行纸币的争论。在争论中，有钱人坚决反对，怕纸币贬值，使自己的利益受到损害。包括债务人、商人、工匠在内的广大群众则要求增发纸币，富兰克林自然而然地站在赞同发行纸币的一边，因为他兼有债务人、商人、工匠的三重身份。他撰写并匿名发表了一本小册子，名为《试论纸币的性质和必要性》，大大助长了要求发行纸币一方的声势。1730 年，州议会通过了发行纸币的议案。由于富兰克林对通过这一议案作做了贡献，他在议会中的朋友提议交由他来承印纸币。

不久，富兰克林又接到了承印纽卡斯尔的纸币、政府法律和选票的生意。这宗生意是他的朋友汉密尔顿律师帮他揽到的，富兰克林一直承接这个业务，直到不再从事印刷业工作。这是利润丰厚的业务，让创业初期的富兰克林获利颇丰。他雇了一名排字工人，收了一名学徒。富兰克林还在此时开了一家小文具店，出售空白单据、纸张、羊皮纸和商贩用的账簿等。

1733 年，富兰克林派他店里的一名工人到南卡罗来纳的查理斯敦去开办一家印刷所。他提供给工人一台印刷机和一些铅字，并签订了一份合伙合同。按照合同规定，他负担在那里营业所需的三分之一的费用，也获得三分之一的盈利。但这名工人不懂账务，尽管他按时汇款给富兰克林，但从来不曾向富兰克林报告其收支账目。这人死后，他的寡妻继续经营那家印刷所。这个女人管理业务十分成功，不但将以往的收支情况加以理清，制出一份账目，向富兰克林作了汇报，而且以后每季度都按时寄去十分准确的报告。她还将子女抚育成人，并在合伙合同期满后，将印刷所从富兰克林手中买去，由她的儿子经营。富兰克林认为年轻妇女应该学习一些类似会计、簿记之类的实用学科，以便在需要时能独力支撑家庭生计，不至于完全依赖丈夫，他从这位平凡的女人身上看到了巨大的力量。

在南卡罗来纳合伙经营的成功，使富兰克林坚定了在其他地区开办分店的想法。

富兰克林的合伙人中，有两个是他的亲属，其中一个是他哥哥詹姆士的儿子，另一个是富兰克林姐姐的儿子——1732 年出生的本杰明·麦科姆，在纽约帕克尔那里做学徒。哥哥詹姆士后来将他的印刷所从波士顿迁到了新港。1736 年，弟兄俩之间的嫌隙早已冰释，当离乡十年的富兰克林返回波士顿探亲并顺路看望詹姆士时，哥哥还托弟弟在自己身故后照料自己的儿子和家庭。富兰克林就将侄儿小詹姆士接到费城，送他上学，并让他在自己的店里当学徒。1740 年詹姆士去世，富兰克林帮助嫂嫂经营印刷所。小詹姆士 7 年学徒期满后，带着一批新铅字回到新港，接替他母亲经营印刷所，成为叔叔的合伙人。

接着，富兰克林又将目光转向纽约。1742 年 2 月 20 日，他和他的一个帮工詹姆士·帕克尔签订了合伙经营的合同。他提供设备运至纽约，并对在那里的业务出三分之一的资金，分享三分之一的利润，由帕克尔在那里发展业务。他最主要的合伙人是纽约的詹姆士·帕克尔和费城的大卫·霍尔。大卫·霍尔成为他的工头后，在 18 年的合伙经营中，富兰克林平均每年从他那里得到467英镑的利润。

富兰克林还在多米尼加（他在那里办了《自由港报》）、牙买加的金斯顿、北卡罗来纳、乔治亚、费城附近的兰卡斯特都有合伙人。但在1748年以后他的合伙经营业务量都不大，与其说是从中赚钱，不如说他起到了鼓励当地印刷业和印刷商的发展的作用。

富兰克林不仅办报，还出版印刷书籍。富兰克林不但是出版商，他还是读书人，具有的独特的优势，所以他的印刷业和出版业在白手起家的基础上兴旺发达起来。他在经商方面取得的成功为他一生中的其他重大成就奠定了坚实的基础。

春风得意

在任何一个国家里，历书恐怕都是发行范围最为广泛的出版物。在富兰克林生活的时代，一个家庭可以没有一本书、没有一张报纸，可是一般都会有一本历书。一部大小刚好可以放进衣袋的历书，人们可以在上面查到潮汐的涨落、月亮的圆缺、季节的变换；通常历书上还有食谱、笑话、诗歌、谚语和各种各样的奇闻怪事；在每页日历不大的边空上，人们可以写日记；孩子们可以用历书来识字。

1732 年，富兰克林创办了美洲第一所订阅图书馆，发行了他独资经营印刷所以后的第一期报纸。这个时候富兰克林开始出版让他名声大振的历书。

在费城，布拉福德多年来一直在出版泰坦·里兹的《美洲历书》。富兰克林则不仅出版过社友托马斯·戈德弗雷编写的从 1729 到 1731 年的历书，还出版了约翰·杰尔曼编写的 1731 年和 1732 年的历书。可是富兰克林雄心勃勃，他还想出版自己编写的历书，因为一部好的历书可以为出版者带来丰厚的利润，使编纂者声名远播。

1732 年 12 月，别家的历书已上市出售一个多月了，富兰克林才宣布并出版了自己的下一年历书《可怜的理查的历书》。出人意料的是，在短短 3 个星期里，富兰克林那卖 5 便士一本的历书就印刷了 3 次，发行数量远远超过了其他历书。这让出版者兼编纂者富兰克林喜出望外，也证明了他超凡的才智。“可怜的理查”是富兰克林虚拟的人物，全名是“理查·桑德斯”，这借鉴了他哥哥詹姆士在新港发行的《可怜的罗宾的历书》。在富兰克林的历书中，“可怜的理查”夫妇常常出现，两人时而争吵，时而相互打趣，这两人的故事和历书的内容巧妙地结合在一起。

富兰克林编纂这部历书的用意之一在于他认为这是在人民中间进行教育的一种工具，所以这本年鉴中除了日历、天气、诗歌、谚语、天文和占星等内容，还偶尔加入了数学演算，他还把成语、箴言印在历书中重要日子页面的空白处。没想到的是，这些格言成语对人们产生了更加深刻的影响。

富兰克林精选的成语、箴言主要是教人们把勤俭作为发财致富、培养美德的手段，还有一些是讲述正确的为人处世的经验和哲理的。如“一个今天胜过两个明天”，是提醒人们把握当下，努力学习和工作；“树不愁大，力不愁小，砍个不停，终能砍倒”，是教人们做事坚持不懈，最后总能成功；“贪婪和幸福从未相见，永不相识”，是告诫人们切勿贪心，等等。这些格言还常常提及妇女，如“没有妇女和火光的房屋，犹如没有灵魂和精神的身躯”等。后来，富兰克林把这些来自许多国家、各个时代的成语和格言集中到一起，当作一个聪明的老者亚伯拉罕对拍卖场上人们的一席讲话，名之为《致富之路》，放在1757年的《可怜的理查的历书》卷首。《致富之路》出人意料地受到广泛的赞扬，传教士和地主们大量订购此历书，然后免费将其赠送给贫苦的教友和佃农。所有的美洲报纸都转载了它。在英国，人们用大幅纸张翻印，以便贴在家里。它还被译为法文。

富兰克林的历书大受欢迎，在长达25年的时间里，每年销售1万册，风行美洲、欧洲，给二十多岁的富兰克林带来了巨大的利润，也带来了声誉。通过几年的艰苦创业，他在事业上为自己打开了局面，站稳了脚跟，在感情生活上却并非一帆风顺。

富兰克林从伦敦回到费城后，和初恋情人里德家继续保持着一种邻居和老朋友的关系。由于里德先生已经去世，里德太太常常请他去商量一些家里的事情，征求他的意见。富兰克林因此仍能不时见到里德小姐。当时里德小姐已经结婚。她嫁给了一名陶工罗杰斯，这个人手艺很好，但为人卑劣。结婚以后里德小姐一直不快乐，不久就和丈夫分居了。后来，传说罗杰斯因负债跑去西印度群岛并死在那里了。富兰克林总认为是自己的负心和失约铸成了她今天的不幸，他十分同情里德小姐的处境。每当谈到此事，里德太太总把责任揽到自己身上，后悔当初不该阻拦他们结婚，也后悔在接到富兰克林从伦敦寄来的信后便以为他不再回来，就劝女儿和别的男人结婚。

富兰克林满怀内疚和同情，逐渐恢复了对里德小姐的感情。1730 年 9 月 1 日，富兰克林和里德小姐办理了结婚手续。里德小姐成了富兰克林太太，她的母亲也搬去和他们同住。黛博勒没受过多少教育，有时候还有些固执，但她为人勤劳节俭，对丈夫也十分忠诚。她对丈夫的研究和思考虽然没什么兴趣，但她能够帮着富兰克林照料铺子，在富兰克林遇到困难时安慰和鼓励他。

很快，富兰克林家有了第一个孩子，是个男孩，取名威廉。有人说这个孩子是黛博勒的前夫的，也有人说这个孩子是富兰克林的。无论如何，这个孩子作为富兰克林的儿子被接纳进这个家庭。

1732 年，黛博勒又生下了一个男孩，取名弗朗西斯·福尔吉尔。1736 年，富兰克林的侄儿詹姆士前来投靠叔父。1743 年，富兰克林的女儿萨拉降生了。此时，富兰克林的家成了一个大家庭。遗憾的是富兰克林的儿子弗朗西斯在 4 岁的时候因患天花而夭折。外人传言他的儿子是因接种天花疫苗而死，富兰克林强忍悲痛，一连 7 天在《宾夕法尼亚报》上登文澄清关于儿子死于天花疫苗的讹传，并积极推广天花疫苗的接种技术。

近代电学的奠基人

作为一个热爱生活的人，随着年龄渐长，富兰克林在繁忙的商业、社会活动之余，又开始了对大自然的无尽探索。他对丰富多彩、千变万化的外部世界一直怀有浓厚的兴趣。

富兰克林所处的时代，正值自然科学蓬勃发展的时期。17世纪中叶以来，西欧在力学、光学、磁学和热学等领域都有了一些成就，并出现了许多伟大的科学家，相形之下，电学就显得比较落后。那时人们对于电是什么、它的运动方式如何等问题，尚无进一步的探索。电学实验还只限于用猫皮摩擦火漆棒、电能产生电火花、人接触电火花后有酥麻感等基础阶段。喜好观察、实践的富兰克林进行了大量实验，成为近代电学的奠基人。

在富兰克林之前，科学界对静电现象知之甚少。当时，科学家发明了后来被称为“莱顿瓶”的蓄电池；同时，格里凯发明的静电起电机在18世纪得到改进，它通过连续转动的摩擦随时可以方便地得到静电。这两项电学仪器的发明，使得科学家可以得到并积蓄电，以进行许多电学现象的观察。但那时人们对于莱顿瓶的瓶体本身（玻璃）、水和金属线在起电与放电过程中起什么作用还一无所知。1746 年秋天，富兰克林第一次看到英国学者斯宾士的电学实验表演，并得到了斯宾士赠送的一套电学仪器，其后便开始了自己的电学实验。

他的电学实验首先从莱顿瓶开始。不到几个月，他就从实验中有了不少的新发现，并得出了极为重要的结论：电火花并非由摩擦而产生，而是被收集起来的。电确是一种在物质中弥漫着的，又能为其他物质特别是水和金属所吸引的基本要素。这解决了当时电学中亟待解决的问题——莱顿瓶的作用和原理。在他看来，电是一种单纯的“流质”。他对莱顿瓶的研究使科学界正确地了解了它的作用，并认识了绝缘体在电学中的重要性。

富兰克林的研究初步解答了电由何处来和莱顿瓶的作用等问题，否定了在此之前科学家们关于莱顿瓶之所以能发生强烈的放电，是由于瓶中之水或金属、箔金属线所致的推测，揭开了莱顿瓶实验的神秘面纱，将其置于一个可以为人理解的科学基础上了。

富兰克林是第一个把电分为正电和负电的人。他认为，既然电是一种单纯的“流质”，那么当玻璃受到摩擦时，电就流入玻璃，使它带“正电”；而当琥珀受到摩擦时，电就从琥珀流出，使它带“负电”。相应地，莱顿瓶内外两面的电荷也被定名为正电与负电，或阳电与阴电，并用正号“+”和负号“-”来表示它们。这是电学史上的一个创举。这不仅仅是名称上的问题，也是概念上的深化。如果把富兰克林说的“流质”改称“电子”，并将流动方向倒过来（因为电子实际上是从琥珀流向玻璃），那么他的这个猜测在本质上是正确的。富兰克林这一创举使电学开始走向准确的方向。

富兰克林还利用充电体之间静电的吸力和斥力的作用，制造了一个很简单但又异常灵敏的机械。在这个机械里，轻圆盘以每分钟 50 周的速度旋转，实际上是不断地把电能转化为机械能，富兰克林称之为“电轮”，这个发明预示着现代电动机的出现。

富兰克林进行电学实验的消息在费城传开后，许多人把他的小小实验室挤得水泄不通，他们都是来到富兰克林的家中观看“奇迹”的。富兰克林的朋友们帮他向观众演示摩擦生电等电学现象，其中有些人还独立地得出了些电学上的小小发现。

在当时，雷电这种具有巨大破坏性的可怕的自然现象还被人们认为是“上帝之火”，是天神发怒了，还有人认为雷电是毒气在天空中爆炸而产生的。雷电的本质是什么，对人们来说还是一个谜。富兰克林想要做一次尝试，揭开雷电的真面目。

1750 年，富兰克林正式公开地向英国皇家学会提议，进行证明雷电是电的实验。他详细地介绍了实验方法。富兰克林当时还不清楚这种实验的危险性。1750 年圣诞节的前两天，他准备用电来杀死一只火鸡时，他的一只手和身体的其他部位遭到电击，电流使他失去知觉好几分钟。他苏醒后，自我解嘲道：“我本想用电杀死一只火鸡，结果差点电死了一个傻瓜。”不过这次危险的经历并没有吓倒富兰克林。1752 年 6 月，他冒着生命危险，在费城做了一次用风筝吸取天上雷电的实验，轰动了当时的科学界。这个实验非常危险，但是富兰克林十分幸运，他遭受的电击强度适中，既让他完全证明了自己的设想，又没有使他受到伤害。虽然富兰克林躲过了这场劫难，不幸却降临到了另外一名科学家头上。1753 年，俄国著名电学家利赫曼为了验证富兰克林的实验，也进行了实验，结果被雷电击死，成为电学实验的第一名牺牲者。

风筝实验成功之后，富兰克林写了一篇名为《论闪电和电气的相同》的论文，阐述了雷电的本质。他还提出了制造避雷针的设想，以使建筑物在雷雨天免遭雷击。他先在自己家做实验：在屋顶高耸的烟囱上安装一根 3 米长的尖顶细铁棒，在细铁棒的下端绑上金属线，把金属线沿着楼梯引到底楼的一个水泵上，水泵与大地有接触，将经过房间的那段金属线分成两段，且让两股线相隔一段距离，各挂一个小铃。这样，如果雷电从细铁棒流入，经过金属线进入大地，那么两股线受力，小铃就会晃荡，发出响声。一天，电闪雷鸣，暴风雨就要来了。守候在房间小铃旁的富兰克林，听到了小铃发出的清脆悦耳的声音。试验成功了！富兰克林把那根细铁棒称为“避雷针”。然而，他的观点引起了教会的反对。他们认为装在屋顶的尖杆指向天空是对上帝的不敬，是干涉上帝的事，对上帝指手画脚，是要受上帝惩罚的。当富兰克林的论文在英国皇家学会上宣读的时候，有人却报之以轻蔑和嘲讽。讽刺的是，在一场雷雨之后，神圣的教堂着火了，而装有避雷针的房屋却平安无事。从此，避雷针的作用被人们认识，避雷针之名也很快传开了。

科学终究会战胜愚昧和无知。1756 年，英国皇家学会授予富兰克林皇家学会正式会员的称号。至 1784 年，全欧洲的高楼顶上都用上了避雷针。

富兰克林的研究范围极其广泛，他对科学的贡献不仅在电学方面。他于 1740 年前后发明了一种火炉，既省燃料，又利于取暖，被称为“富兰克林炉”。他先是制造了一个模型送给开设了一家铸造厂的朋友罗伯特 · 格雷斯，格雷斯将这种新型火炉进行了批量生产制造，销量很大，这让他获利颇丰。当宾夕法尼亚州州长扎马斯提议在若干年内给富兰克林以这种炉子的专利权时，富兰克林却说自己不想取得专利权。他认为既然别人的发明给了我们巨大的便利，我们也应该乐于让他人利用我们的发明，并无偿地、慷慨地将我们的发明贡献给他人。当富兰克林得知伦敦的一个铁器商人照他的设计略作改动，在伦敦取得了专利并发了一笔横财时，他对此毫不在意。

第四章

声名远播

涉足政坛

远大理想

加强边防

向英王请愿

一去十年

涉足政坛

富兰克林的生意越做越大，生活也变得富裕、安定起来，他逐渐将精力转移到其他方面。

1733 年，富兰克林开始学习外语。他先学了法语，然后学了意大利语和西班牙语，当时他忽然觉得自己小时候学的拉丁语基础知识还在，于是回过头来又学了一番拉丁语，最后学了德语。在这几种外语中，他既能读又能写的只有法语（尽管写得不很地道），其他的几种他只能阅读。

1735 年，富兰克林把在共读社宣读过的一篇名为《论保护城市免遭火灾》的论文发表在《宾夕法尼亚报》上，文章讨论了酿成火灾的各种疏忽和事故及防火须知，呼吁人们小心火烛。市民读了文章后非常赞同共读社和富兰克林的意见。没过多久，一支 30 人的自愿救火队组成了。根据组队合同，消防队每月开一次联欢晚会，大家讨论交流有关防火的看法。消防队队员如不出席每月的例会，便要缴付小额的罚金，这些罚金用来购置救火机。每一位队员必须保有一定数量的皮水桶、结实的袋囊和筐子（用以装运货物），一有火灾发生就必须把它们运到现场。消防队的作用明显，更多的人愿意加入。这支消防队叫作“联合消防队”，一直活跃在当地，并被保存了下来。新的消防队在共读社和富兰克林的建议下一个接一个地出现了，自从组织了这些消防队以后，费城再未发生过大的火灾，一般在房屋被火烧掉一半以前，火便被扑灭了。

在城市安全方面，富兰克林除了组建新的救火队，还改革了费城原有的巡夜制度。费城的巡夜原来由城内各区的警官轮流负责，警官预先通知若干名户主在夜里随他在城里巡逻，不愿巡夜的人每年需出资 6 先令，用以雇人代替巡夜，但警官往往找一些乞丐、无赖去巡夜，代价只是一点酒，实际所需钱数远远少于户主缴纳的钱。这种情况使警官之职成为肥缺，但巡夜制度实际上不能认真施行。富兰克林认为，一个穷苦的寡妇户主全部需要保护的财产也许不超过 50 英镑，而她所付的巡夜费却和一个仓库中储蓄着几千镑货物的大富商完全一致，这显然有失公平。因此富兰克林提出了一种新的巡夜制度，其基本内容是雇用适当的人巡夜，采取按财产的比例课税的办法来公平分摊巡夜费用。

1736 年，富兰克林正式涉足政坛，他当选为州议会文书。1737 年，费城邮政局局长布拉福德因账目不清被北美邮政总代理斯波茨伍德上校革去职务，由富兰克林继任。

邮政局局长这个职务对富兰克林的报纸发行很有利，但对富兰克林来说，局长的职务还有另一方面的重要意义。1743 年，他印了一封传阅书信，邮寄给各种各样的通信者，提议他们联合起来，组建一个“美洲哲学学会”，每名会员每年交1美元的会费。这实际上是一个共读社，费城将是学会的中心，一直有着7个成员：1名医学家、1名植物学家、1名数学家、1名化学家、1名机械学者、1名地理学家和1名自然哲学家，主席、财政总管和秘书除外。费城的成员每月至少开一次会，处理他们的哲学事务，查阅或考虑那些通信者可能寄来的报告或问题，并向所有的成员通报他们的工作，每季度免费向每名会员邮送一次重要信息的摘要。

从1739年起，英国因在西班牙领有的美洲殖民地走私而同西班牙开战；1744年，英国同法国又因奥地利王位继承问题而处于战争状态。在1747年以前，这两场战争都没有打到宾夕法尼亚境内，因为它北面的殖民地挡住了加拿大境内的法国人，南面的殖民地阻挡了佛罗里达和加勒比地区的西班牙人。

1747年，费城人恐慌起来，因为法国和西班牙的私掠船在海湾出现。这个时候的费城没有碉堡、没有炮台、没有军备，在州议会中占主导地位的教友会教徒不同意拨款备战，费城的富商理所当然地拒绝出钱在保护自己财产的同时也保护教友会教徒的财产。那些主张起来保卫家园的人们难以达成一致，他们各执己见，互不相让。州长托马斯企图说服州议会通过保障本州安全的措施和一项民兵法，可是全然无效。

这时的富兰克林已不是一介平民，而是富裕阶层中的一员了，当时州长一年的薪酬也只有1000英镑，富兰克林一年的收入则远远超过1000英镑。社会责任感让他搁下了进行中的电学实验，挺身而出，参与解决费城面临的政治问题。

富兰克林匿名出版了以一个商人的身份写的小册子，题目是《一个费城商人写的平凡的真理》。富兰克林用像《可怜的查理的历书》中那样通俗易懂的笔调告诉人民，费城实际上已经非常危险，有可能腹背受敌，因为除了海上有敌舰，法国人还可能唆使印第安人从背后进攻。只有在陆地上保卫生命财产的安全，在海上继续经商赚取财富，这样的做法才符合全体人民的利益。富兰克林还说他有一项计划，只要大家愿意听，几天之内他将公之于众。

小册子一经发表，费城人尤其是下层人民群情激动，纷纷响应。在星期六召开的一次预备性会议上，集合了一百余人，多半是工匠。富兰克林将成立民团的计划向与会者宣读了一遍，听众群起响应，立刻要在条款下签字表示拥护。富兰克林认为还是先征求当地上层人士的意见更为稳妥。他又召集当地最主要的绅士和富商在城里的咖啡馆召开大会，在这些上层人士的认可之下，自愿加入民团者在文件上签了名。民团的人数在很短的时间内已超过1万，遍布全州各地。

民团战士们编成连队和团队，选出自己的长官，把自己武装起来，每个星期集合训练一次。富兰克林又提议在城南修筑堡垒，装配大炮，费用以发行奖券集资的形式解决。由于没有重机枪，他们从波士顿购置了 39 挺，并向伦敦订购，也向宾夕法尼亚的业主请求援助。费城联队的军官选富兰克林为上校，但富兰克林自认为无此资格，婉拒了这一职位，另外举荐了一人。

英法战争结束后，富兰克林越来越想实现另一个愿望，那就是在宾夕法尼亚创办一所学院。早在 1743 年，富兰克林就提议建立一所高等学府，可是没有成功。这时，他决心完成这一个心愿。他做的第一步是联络朋友，广泛地寻求有志于此者，与他们共同完成这一计划。响应的人中相当大的一部分是共读社社员。第二步是编写和出版一本名为《有关宾夕法尼亚青年教育的建议》小册子，并把它们免费赠送给城中有地位的人。小册子发出去以后，富兰克林开始为创办这所学院募捐和奔走。捐款人推选出了董事，并指定富兰克林和首席检察官法兰西斯起草学院的组织章程。同时，富兰克林和他的朋友还忙于租校舍、请教师等筹办工作。

1749 年，由 24 名董事组成的学院董事会成了，1751 年学院开学了，后来的费拉德尔菲亚大学就这样创立起来。富兰克林当时被选为校长，这一职位他一直担任到 1756 年，在那以后，他仍是学校的董事。

1751 年，富兰克林当选为宾夕法尼亚州的议员。

远大理想

1751年，原北美邮政总代理病危，宾夕法尼亚首席法官威廉·艾林准备推荐富兰克林继任这一职务。5月，富兰克林给伦敦的彼得·柯林森写信谈及此事，因为柯林森可以影响英国邮政当局。富兰克林这样做并非为了高官厚禄，而是为了实现一个他心怀已久的远大理想。

富兰克林买下了里德家在市场街的一幢房子，把邮政局从印刷所迁到那里，并在本杰尔手下任主计官，管理各地邮局的账目。本杰尔亡故后，身为主计官的富兰克林于1753年夏季花了10个星期时间巡视邮政事务。8月，英国邮政大臣任命富兰克林、威廉堡的邮政局局长及《弗吉尼亚报》的出版者威廉·亨特同为英国在北美大陆的各省及领地的邮政总代理，年薪共为600英镑，从邮资所得中支付。

1730年，邮政总署设在弗吉尼亚，从这时起，威廉堡和费城一南一北分管整个英国北美殖民地的邮政。富兰克林对威廉

·亨特印象不错，两人在公务上配合默契，但亨特健康状况不佳，于是主要邮政事务往往落在富兰克林肩上。

富兰克林任命儿子威廉·富兰克林为费城邮政局局长，次年又擢升他为主计官。威廉·富兰克林于是将邮政局局长之职交由亲戚约瑟夫·里德担任，约瑟夫后来又将此职交给由波士顿来的彼得·富兰克林担任。留在波士顿的富兰克林的哥哥约翰·富兰克林则自1754年起任波士顿的邮政局局长，他在1756年去世，邮政局局长之职由其妻继任，她成为北美妇女中担任公职的第一人。

富兰克林对北美邮政进行的大多数变革都是以他在费城的邮政经验为依据的。担任邮政总代理后，富兰克林便抓紧时间进行邮政改革。他建立起一套完整、清楚而简单的邮政系统，将表格和指示付印后发到各地邮局。他废除了各地邮政局局长长期让邮差免费投递报纸的垄断做法，规定所有的报纸均由邮差递送，但要支付邮资。

长期以来，他把有信待领者的名字登在《宾夕法尼亚报》上。后来，他将这一做法推广到有报纸发行之地的邮局。1753年，他在费城建立了收费邮递制度，凡在到达当天未被领取的邮件将由费城邮递员递送，收取额外邮递费。这一做法在其他大城市也被鼓励实行。富兰克林还规定，将收信人姓名登在报纸上后，凡3个月内无人领取的邮件须送交设在费城的邮政总局——这是美国“无法投递邮件的处理部门”的开始。

1754 年，富兰克林巡视了北部各殖民地的邮局，1755 年和 1756 年他又巡视了马里兰和弗吉尼亚的各地方邮政局，从而认识了各地的邮政局局长，使其账目制度化，并研究他们的具体困难。他还考察了各地的道路、河流涉水处和渡口。

由于富兰克林全面整顿了殖民地的邮政，他任职后的第 4 年，北美殖民地的邮政收入超过了前 3 年的总和。1761 年，在干了 4 年多以后，富兰克林和亨特终于收回了自己预支的钱，并向伦敦汇出了美洲邮政部门的第一笔盈余。

他最有意义的改革是要求各地邮政局局长注意邮递服务的统一性和持续性。他改进了邮政服务的速度和安全性，使得邮政事业广泛得到利用，逐渐繁荣起来。

富兰克林对北美邮政的改革不仅是单纯的行政才干的表现，它代表了北美殖民地资产阶级发展经济、得到政治权利的利益需要。这一改革和美洲哲学学会的创立一样，反映了富兰克林头脑中萌生的北美殖民地联合的思想，随着殖民地资产阶级这一要求的日趋强烈，殖民地联合的思想也日益明确。

1751 年，富兰克林写了《对人类增长、各国人口问题等的观察》，这篇文章针对英国人限制宾夕法尼亚州制铁业的法案，分析了北美殖民地的人口状况和劳动力价格之间的关系及殖民地经济和宗主国的关系，得出的结论是：人口日益增长的美洲是制造业日益扩大的市场，无论对英国还是对美洲都是如此。所以，英国不应过多地限制殖民地的制造业。限制等于削弱，而削弱了孩子，也就削弱了整个家庭。在这里，富兰克林将北美殖民地同宗主国英国视为一体，他主张的殖民地联合也是在大英帝国范围内的联合。在使北美洲分散的、各自为政的各殖民地联结为一体方面，富兰克林贡献之大是前无古人的。

加强边防

1755年，印第安人出没在距费城不到100英里的丛林中，不时对殖民者进行袭扰。一些孤立偏远的居民点和农场受到劫掠，常常是一家人全部被害，却没有人去保护他们，甚至没有人把他们的死讯带给他人，当时城镇尚未受到他们武力进犯。但到了这年秋季，这种袭击越来越频繁，整个边境一片恐慌，城镇中挤满了逃难的人，混乱不堪。

这时，有消息从边境传来，一伙印第安人袭击了位于费城西北75英里的纳登赫廷，杀死了那里所有没来得及逃入森林的居民，焚毁了那里的房屋。闻讯逃离家园的诺桑普敦县和柏克斯县的农场主们携家带口地涌入费城，风声更紧了，加强边防已是刻不容缓。

为了动员民众去防守边境或驻守即将修筑的碉堡，富兰克林写了一篇《关于宾夕法尼亚目前局势的三人对话》，登在12月18日的《宾夕法尼亚报》上。文中尽可能提出了一切反对建立国民自卫队的观点，然后逐一地加以反驳，此次七人委员会征召了300人。

富兰克林在12月18日出发前往摩拉维亚教徒聚居地的中心城市伯利恒巡查，他率领了50名骑兵和3辆宽轮大篷车，与他同行的有前州长、现任参事会参事的詹姆士·哈密尔顿，议会的计财委员会主席、教友会教徒约瑟夫·福克斯。哈密尔顿是远征队的长官，他此次出行的目的之一是监视富兰克林的行动，向州长报告。然而，富兰克林在过了一周左右的跋涉生活后，成为此行真正的负责人。

宾夕法尼亚的边防是从特拉华西南的伊斯顿经莱希的伯利恒到舒基尔的里丁一线，在这个地点的后面有蓝山山脉的保护。距伯利恒不远的纳登赫廷是这一线的突出地带，既容易受敌方的攻袭，又是天然的设立防御堡垒的理想地点。倘若法军在此派军驻守，便可经常骚扰宾夕法尼亚全境。委员会准备在此招募国民自卫队驻防，在整条边防线上的山区内每隔一段距离设一处哨所，派兵把守，防止敌军进犯和扰民，想将这个业已荒废的小村变为边防的天然堡垒。

富兰克林一行到了伯利恒，发现镇上的主要房屋都用栅栏围护起来，室内的窗户与窗户之间堆放了许多铺路石，以备妇女用它们打退企图侵入房屋的敌人。居民们还从纽约买回来枪支弹药以便自卫，防务井然有序。由于伯利恒的情况良好，富兰克林一行人在那里只过了一夜便向伊斯顿去了。

同伯利恒相比，伊斯顿一片混乱：人们已准备放弃这里逃往费城，食物储备也已经耗尽。富兰克林当即着手组织城防，他和其他的巡察官员一道征集了200名自卫队员，清除城镇周围的灌木丛，派出一支巡逻队绕城巡视，在主要街道的两端设下岗哨，并安排通讯员定期到最偏远的农场去进行联络，密切注意印第安人的动静。

10天后，他们离开伊斯顿前往里丁，1756年元旦的下午到达那里。宾夕法尼亚州州长莫里斯正在那里等他们共商与保持友好立场的印第安人签订条约以及防务措施的问题，然后同返费城。

然而，1月3日，一名通讯员来告知，说设防不久的纳登赫廷在元旦那天遭到印第安人袭击，守军中未战死者都被驱除。边防线上最薄弱也是最重要的一点又一次暴露在敌方的攻击面前。正在会谈的州长及巡察官们决定采用悬赏的方式反击印第安人，同时决定派富兰克林返回纳登赫廷重建那里的堡垒，这是一项危险而艰巨的任务。临行前，富兰克林被州长莫里斯授予在诺桑普敦施行行政管理，分发军火，任免自卫队军官的全权，但这并非出自州长的本意。州长在纽约和马萨诸塞、新泽西的州长举行商谈，回到费城后，却发现费城国民自卫队已选举了富兰克林为指挥官。州长和州参事会在批准选举结果时迟疑不决，一味拖延。直到国民自卫队在州长家的门前举行了一次游行，才使他认可选举结果。

富兰克林在伯利恒他一边安抚民心，一边征召民兵前往纳登赫廷，并派出部队守卫位于山区的城镇。他在当地给妻子的信中写道：我们即将出发，一起有130个人，一定要小心行事，不让我们的疏忽大意给敌人以可乘之机。富兰克林在那逗留了一个星期后，率领着人马前往纳登赫廷，包括士兵，一队熟练的伐木工人，边区农民，一名医生和一名随军牧师，还有7辆大车各配置了6匹马。在向纳登赫廷行进的途中，队伍的两翼都派出了侦察兵在山林中搜索前进，以防敌人的袭击。富兰克林在艰苦行军的途中度过了他的50岁生日。

1月18日，他们抵达了纳登赫廷，那天是星期日，5天后，他们的堡垒完工了。堡垒由新砍伐的木头一根接一根、牢固地栽在地里，地面部分高达4米，形成一堵高墙，墙的内侧搭有2米高的木板踏脚，供守军士兵站在上面从墙上的枪眼向外射击。整个堡垒宽17米，防御没有火炮的印第安人，这样简陋却坚实的堡垒足够了。

富兰克林在诺桑普敦县组织了13个联队共计500人左右的国民自卫队，分布在从纳登赫廷到伊斯顿之间的防线上，并解决了这支军队的装备、供给和相互联络等问题。后来，他们又筑起了两座木堡：艾伦堡以东15英里处的诺利斯堡，这是以州议会议长的名字命名的，和以东同样距离处的富兰克林堡。在此期间，逃难的难民也得到了安置。富兰克林还亲自率侦察队到周围地区的树林中搜索印第安人，虽然没有找到印第安人的踪影，这一行动却使印第安人看到了他们升起的营火。由于知道白人在这一带建了堡垒，派驻了守军，于是印第安人一时也不敢出山袭击附近的城镇了。

2 月 1 日，宾夕法尼亚州议会通知富兰克林 2 月 3 日去开会，地点在费城。富兰克林带着儿子立即上路，终于在 2 月 5 日夜里赶回了费城。费城国民自卫队于这次议会期间正式选举了富兰克林为指挥官，并得到州长的批准。在富兰克林第一次检阅了费城自卫队后，官兵们护送他回家，并一定要在他家门前鸣炮致意。结果，炮声将富兰克林实验室里电学仪器上的几块玻璃都震碎了。

向英王请愿

1756 年 4 月，宾夕法尼亚州州长向特拉华族印第安人宣战，到了年底法军仍然占据着杜奎恩堡。11 月，一队印第安人袭击了艾伦堡，守军或被杀或被俘，剩下的被迫逃离，印第安人烧毁了村庄和富兰克林指挥建造的木堡，宾夕法尼亚的形势空前危急。

12 月，州长要求议会拨款 12．5 万镑用于来年的军务，议会却只同意拨款 10 万。为了凑齐这 10 万，州议会通过了发行纸币 10 万英镑及业主的地产也须纳税的议案。然而，州长以要将议案的副本上交英国国王的理由否决了这项议案。议会决议派富兰克林为代表出使英国，去提交自己一方的理由。富兰克林同儿子一道，作为州议会的使者，于 4 月 4 日离开费城搭船前往纽约，直奔伦敦向英王请愿去了。路途上遇到了很多波折，在纽约拖延了两个多月，一直到 6 月中旬，富兰克林乘坐的船才随船队驶离纽约。途中，船队差一点撞到礁石，还几次遭到了敌船的追击。最后船在英国南部的海港法尔默斯靠岸，7月底，富兰克林父子终于到达伦敦。

富兰克林父子到达伦敦后先暂住在好友彼得·柯林森的家中。多年前，富兰克林就是通过他向英国皇家学会报告他的电学实验和观察结果的，柯林森是教友会教徒、商人，也是皇家学会的会员。等富兰克林父子找好寓所，安顿下来，便开始着手办理此行身负的公务。

柯林森通过弗吉尼亚大商人汉布雷介绍富兰克林拜会了枢密院议长格兰维尔勋爵。见面以后，彬彬有礼的格兰维尔勋爵询问和谈论了一番美洲的现状后，谈话便转入正题。格兰维尔说："你们美洲人对于你们的政体有一种错误的看法：你们认为国王对州长的训令并非法律，以为你们可以任意决定遵守与否。但是这些训令都是先由熟知法律的法官们起草，然后由枢密院考虑、辩论或修改，最后由国王签署。所以这些训令对你们来说就是国法，因为英王是殖民地的立法者。"

富兰克林听了这话，回答说："我从未听过这样的说法，根据我们的宪章，我一直以为我们的法律是由我们的议会制定的，它当然要呈请国王批准，但一经批准，国王就无权加以废除或更改。所以虽然议会不经国王的批准不能制定永久性的法律，但是不得到议会的同意国王也不能立法。"

富兰克林为了给殖民地人民争取权利，消除英国人民中不利于殖民地的偏见，在伦敦争取一切机会，他除了和见到的每一个可能有影响力的人谈这件事，还诉诸于出版物，以求影响公众舆论。

1760年6月，英国枢密院种植园事务委员会以“公然践踏天赋公理、英国法律和皇室特权”的理由反对宾夕法尼亚议会通过发行纸币10万英镑以及业主的地产也须纳税的议案，在这种情况下，原打算不久便到爱尔兰去的富兰克林留在伦敦度夏，参加对此案的审理。

在审理中，业主的理由是如果按照这项议案向业主征税，业主必将因负担过重而破产，他们的两名律师也极力陈说这个观点。富兰克林和他的两名律师则反驳说，估税人员都是诚实而谨慎的人，增加业主的税额对他们并没有多少好处，他们不会因此而违背他们要合理估税的誓言，这个议案并不含有这样的意图。此外，富兰克林还强调指出废除这一议案将造成的严重后果：宾夕法尼亚州已经发行了相当于10万英镑价值的纸币，用于英王军务，纸币已经在民间流通。议案若遭英国法律废除，纸币将成为废纸，不少人必将因此而破产，这对宾夕法尼亚州来说是一场灾难。

枢密院的一位大臣曼斯菲尔德勋爵邀请富兰克林到秘书室会谈，他问富兰克林是否真的相信执行这项议案时业主的财产不会受到损失。富兰克林作了肯定的回答。曼斯菲尔德问富兰克林是否愿意立约担保这一点，富兰克林立刻同意了。于是，曼斯菲尔德将业主的律师也请来，经过一番讨论，双方接受了曼斯菲尔德的建议——在议案的基础上略作修改。

种植园事务委员会表示赞同这项议案，但须对它进行某些修改，英王也批准了这一议案。在这项议案的审理中，业主终于认识到，达成妥协比废除议案要好，而富兰克林作的让步是微不足道的。这场斗争以宾夕法尼亚州议会获得胜利而告终。

任务完成后，富兰克林带着儿子离开伦敦，去了考文垂，后来又游览了利物浦、格拉斯哥和伯明翰。11 月中旬，他们回到了伦敦，并且留在了伦敦，因为富兰克林已担任了宾夕法尼亚州在英国的官方代理人，暂时回不了美洲。

富兰克林在伦敦生活的也很惬意，他有一个家，这个家不仅是个住处，更重要的是给了他亲情，使他在旅居伦敦长达 15 年的日子里享受到了家庭的温暖。

这个家位于伦敦斯特兰德的克雷文街 7 号，是宾夕法尼亚在伦敦的代理人查理先生帮他物色的。房东是一位孀居带着女儿一块生活的夫人，名叫玛格丽特·斯蒂文森，女儿名叫玛丽，家人称她“波莉”。在斯蒂文森夫人的宅子里，富兰克林父子及其仆人占用了 4 间屋子。富兰克林从费城带了两名仆人同行。一个名叫彼得，主要随侍富兰克林并打杂。到伦敦不到半年，他便熟识了城里的大小道路，可以到任何一个地方去办事了。另一名是个名叫金的奴隶，金主要负责照顾威廉·富兰克林，有些笨手笨脚。他从美洲来到伦敦以后，逐渐熟悉和适应了新的环境。一年以后，他逃跑了，从此以后便不知去向。这个家和富兰克林在费城的家有些相似：人口很多，规模较大。

在到伦敦后的第一个圣诞节前，富兰克林雇了一辆马车作为专车，这样，富兰克林有和善的房东斯蒂文森夫人照顾，有仆人侍候，出门有专用马车，平时和朋友们频繁交往，俨然有了一个新家。玛格丽特·斯蒂文森仿佛是他的姐妹，房东女儿波莉如同他的女儿，这种家庭氛围给了他很大的慰藉。

一去十年

1762 年 1 月，富兰克林决定返回费城。由于英法正在交战，他得等待军舰护航。就在等待期间，牛津大学授予宾夕法尼亚州在英国的代理人、北美邮政总代理、皇家学会会员、声名卓著的富兰克林民法博士学位，富兰克林的儿子威廉·富兰克林在同日被授予文学硕士学位。

威廉·富兰克林被任命为新泽西州州长，这项任命是英王乔治三世的国务大臣布特勋爵一手促成的，意在以此影响富兰克林对宾夕法尼亚的州长和那些业主的立场。威廉在伦敦同西印度群岛出生的伊丽莎白·道恩斯举行了婚礼，所以这一次返回费城，没有和父亲同往。

富兰克林于 11 月 1 日回到费城，他受到了热烈的欢迎。这让富兰克林松了一口气，因为他在伦敦时曾听说朋友们对他颇有意见，看来那不过是没有根据的传闻。从他踏进家门，和亲人相见之后，家中便从早到晚挤满了前来看望他、庆贺他归来的朋友们，这使他感到欣慰。富兰克林的亲朋好友还在一年一度的州议会选举中把他选入了议会。

1763 年，威廉·富兰克林从英国回到美洲，就任新泽西州州长之职。他将州长所在地设在柏林顿。富兰克林到儿子的治下巡视了一番，他怀着忐忑不安的心情去的，最后满意而归。因为他看到儿子将当地政务处理得颇为妥帖，不仅结交了一些朋友，甚至还能化敌为友，他感到十分欣慰。

宾夕法尼亚州议会在 5 月间开会，议题是向英王请愿，要求英王直接统治宾夕法尼亚。这时，伊萨克·诺利斯辞去了担任 14 年之久的议长之职，富兰克林随即被推举继任这一职务。于是，富兰克林以议长的身份主持了 5 月会期中剩下的几天会议和 9 月的短期会议。

会议结束后，富兰克林决定向英王请愿，表达殖民地人民的诉求，他要再次去英国。他的妻子黛博勒却仍然不愿远渡大洋，也不答应富兰克林带女儿萨拉同去，富兰克林只好独自一人出了家门，他和黛博勒都没有想到，他这一去便是 10 年，更不知道这一别竟成了永别。

1763 年《巴黎条约》的签订，标志着英法战争已经结束。英国获胜，法国在北美只保留了加拿大沿岸以及加勒比海的部分岛屿。因此这一年对于北美的各个殖民地而言是一个转折点，在此以前，英国相继与法国、西班牙进行了四次重大战争。战争期间，英国分身乏术，因此那些限制北美殖民地发展的法令无法真正推行，而北美英属殖民地的民众也需要英国帮助他们清除来自法国和西班牙殖民者的威胁，所以他们虽然同英国有矛盾，但也不至于撕破脸皮。

1763 年之后，英法战争结束，他们在全球范围内的争夺暂时告一段落，北美的英法对抗也停止了。英国政府沉浸在胜利的喜悦中的时间不长，他们就发现自己面临着大麻烦。在英国占据的大面积的新领地上，有不少法国人和印第安人对他们的统治心存抵触。要想管理好这些区域呢，只有依靠军队的力量。然而，军队的维持费用很高，英国每年需要 40 万英镑的军费才能在新领地驻军 1 万。当时英国经过多年战争的消耗，国家财政已经捉襟见肘，英国本土居民也苦不堪言，不愿意再从口袋里拿出一分钱来帮助政府。

于是，英国政府自然而然地就想到了北美英属殖民地，英国认为由殖民地人民来分担国家的开销是非常公平的。而北美英属殖民地的居民却认为他们在战争中也付出了巨大的牺牲，并且由于战争，殖民地的经济不长反退，英国不能继续盘剥，而应该表示感谢与同情。

1763 年，英国禁止殖民地居民在阿巴拉契亚山脉以西的地方购买土地或者定居，为此发布了《1763 年皇家宣言》，但当时有不少人已经在这些地方拥有土地，所以这个公告令这些人相当不满，富兰克林就是为了表达殖民地人民的诉求而前往英国。

富兰克林由众多朋友骑马陪同到距费城21千米的切斯特搭船，在那里，富兰克林的朋友加洛维等三人和他一起登船，一直送他到纽卡斯尔才下船离去。这次航行一路顺风，1764年12月，富兰克林乘坐的船抵达怀特岛，他下船登岸，又在克雷文街7号住下来了。距离1月10日英国国会开会的日期已经很近，富兰克林顾不上自己长途劳顿后染上的感冒和咳嗽，开始集中精力考虑完成此行使命的对策。

第五章

在伦敦的岁月

印花税

居中调解

亲情和事业

忍辱负重

印花税

在当时的形势下，富兰克林代表宾夕法尼亚州议会赴英请愿，实际上包括两方面的内容：一是反对英王批准印花税法，是为全体北美殖民地人民的共同利益而斗争；二是请求英王建立对宾夕法尼亚的直接统治，是为宾夕法尼亚州人民请命。富兰克林要小心地把握这个分寸，因为要达到目的，必须得游说英国当权者，既不能让步，又不能触怒他们。富兰克林不得不同宾夕法尼亚的业主们展开争夺，因为他们是有影响力的，他们一直在争夺当权者的支持，争夺舆论的同情。

富兰克林发觉枢密院对请求英王建立对宾夕法尼亚的直接统治的态度十分冷淡，甚至不愿意了解请愿书的内容。一直到1765年11月，富兰克林才设法将请愿书呈递给那些大臣，枢密院却推说国王无权干预业主和他的人民之间的事而加以拒绝。

对于印花税的征收，富兰克林感到，问题的关键所在是征税的方式。印花税议案只是一个例子，症结在于英国政府向北美殖民地征税的整个方式和程序，富兰克林反对国会在不征求美洲殖民地人民意见的情况下决定向殖民地征收税，无论是何种税，都是践踏了北美殖民地人民的权利，富兰克林反对通过印花税，正是基于这个诉求。

1765 年 2 月，在英国国会通过印花税议案前，负责管理国家的赋税事务的格兰维尔勋爵接见了各殖民地代理人。他说只能用目前提出的税收政策来分配北美殖民地所应承担的税额，各位代理人如有异议，可提出建议。富兰克林认为通过由国王提出所需税额，由各殖民地议会进行相应的投票通过更为合适。对富兰克林的意见，格兰维尔未置一词，便又问各殖民地议会是否同意他们各自在税额总数中所承担的数额。代理人无一答应，格兰维尔又说，印花税议案是一种公正、平等的征税方案。这次会谈，与其说是英国政府真正想倾听殖民地代表的意见，还不如说是走一下过场。

这项法案规定，所有的法律文件必须加贴价格不等的印花，议案规定应纳印花税的文件多达 55 种。一份学位证书的印花价高达 2 英镑；一份公务聘用书，年薪 20 英镑的 10 先令，年薪 20 英镑以上的 4 英镑，如此等等。印花税提案交付下院时，几乎没有进行辩论就在下院通过，后来又在上院获准。3 月，英国国王通过委员会批准了它，议案将于 11 月 1 日起实施。

印花税议案通过以后，格兰维尔的秘书约请了富兰克林在内的殖民地的代理人，告诉他们格兰维尔不打算从英国派去征收印花税的官员，而准备在当地居民中委任一些为人谨慎而又卓有声望的人士担任此职，这样做的目的是希望在实施印花税法案时尽可能地不使美洲殖民地人民感到不便和不快，殖民地人民会觉得容易接受一些。因此，格兰维尔希望各代理人为自己所属的殖民地提出一些人选。

显然，这是政府为了顺利收取印花税而玩弄的政治手腕，富兰克林明白这一点，但是他想到既然印花税的征收已成定局，那么与其让英国官吏去征管，不如让殖民地的人自己管理，美洲的事情应由美洲人自己处理。他决定和英国政府合作，提名自己的朋友约翰·休斯作为宾夕法尼亚的税吏，并建议当时康涅狄格的代理人在该州担任此职。

但是殖民地的人们在这件事上同富兰克林的想法不一样，他们猛烈地反抗了。他们并不以法案在英国通过为定局，而是认为凡是不正当的法令就要反对，英国国会向美洲殖民地征税是越权。

1765 年 10 月，当马萨诸塞的州议会在纽约召开州际代表大会时，康涅狄格、新泽西、罗得岛、宾夕法尼亚和纽约等 9 个殖民地的代表要求英国国会撤销这项法令，他们参加了反《印花税法》的大会，在会议上，代表们提出了“无代表就不纳税”的政治口号，理由是：在英国国会中应该有北美殖民地人民的代表，但是没有，既然自己没有享有作为英国公民的权利，那么就没有必要去履行作为英国公民应尽的纳税义务。

各殖民地的普通老百姓自称“自由之子”，他们成帮结伙地组织起来了，一切社会活动都停止了：商人停止营业，工人拒绝上班，法院不开庭，报纸不出版；英国货物卖不动了：商店不卖英国货，公民不消费英国货，轮船不运输英国货；和印花税有利益关系的人倒霉了：印花承销商的模拟像要么被人吊在树上，要么被人焚烧，他们的店铺被砸，外出还要防着被打。富兰克林的朋友宾夕法尼亚的休斯和康涅狄格的英格索尔都受到了起义者的威胁，被迫辞职。在法案行将实施之际，殖民地的大地上已没有一名执行它的官吏。

在费城，富兰克林的政敌四处散布流言，说是他促成了印花税法案的通过，并从中获利，是他给他的同胞设下了圈套。一些受到煽动的起义者扬言要烧掉富兰克林的新住宅。威廉·富兰克林闻讯后，匆匆忙忙地从柏林顿赶到费城，劝母亲和妹妹到他那里避避风头，黛博勒只让萨拉去了，自己不愿离去。

消息传到英国，英国为之震动。由于这场广泛的反抗和抵制运动，英美之间的贸易急剧减少，经济利益受到损失的英国制造商、大商人、船主、商贩开始加入到殖民地人民反对印花税法案的行列中去。

富兰克林并没有因为被误解而气馁，他同英国政治家交谈，力图和他们沟通思想，使其理解、接受自己的观点；他和英国与美洲殖民地有关的工业资产阶级、商人、运输业人士联系，鼓动他们向议会、政府施加压力；他还亲自去英国议会和英国的议员们辩论，要求废除印花税。

最终，英国议会通过议案，废除印花税。不久，富兰克林在英国议会的答辩全文以《讯问》为名先后在伦敦、波士顿、纽约、费城和威廉堡发表。因此，在美洲殖民地人民眼中，富兰克林成了捍卫殖民地人民利益的大英雄。他在英国国会面前，为他的同胞赢得了巨大的胜利，一度甚嚣尘上的谣言也不攻自破，烟消云散。

但是，1767 年英国政府卷土重来，他们试图开征一系列新的税种，以对殖民地的玻璃、铅、茶叶和纸张征税。于是新一轮的更加激烈的反抗活动又来了。

居中调解

印花税被废后，英国当局对于美洲殖民地的压迫却变本加厉了。富兰克林要求宾夕法尼亚州议会准许他回到美洲，然而州议会却任命他为下一年该州驻英国代理人。

1766 年罗金厄姆内阁倒台，英王授权威廉·皮特与卡塔姆组成联合内阁。但卡塔姆因生病不能理政，政府的领导权落入财政大臣查尔斯·唐森德手中。唐森德认为对殖民地征税是母国应享有的权利之一，殖民地居民必须履行纳税义务。

根据唐森德的提议，1767 年英国国会通过了四项向殖民地征税的法案，总称“唐森德税法”。英国政府的做法引起北美殖民地人民的不满，导致英国与北美殖民地的关系日趋紧张。因为税法规定：凡是从英国输往殖民地的纸张、玻璃、铅、颜料、茶叶等一律征收进口税。对于英国政府而言，这项税法的实施不仅可以弥补前两年的税收损失，还可以彰显英国对殖民地的主权。

1767年9月，唐森德去世，由诺思勋爵继任。新内阁向北美殖民地尤其是波士顿派出收税的官员，去制止走私、收取关税。关税现在已成为强加在殖民地人民头上的一种赋税。

富兰克林的朋友舍尔伯恩将美洲事务的管理权交给了希尔斯伯罗勋爵，希尔斯伯罗对北美西部殖民地没有什么兴趣。在这样的形势下，富兰克林又担当起维护北美殖民地权益的职责。他结交了一大帮同道，其中有一些是国会议员。他向他们解释殖民地人民进行反抗和抵制的正当性，使他们了解殖民地人民并非像他们想象的那样不可理喻。这些人当中有人劝他将自己的看法公之于众，不仅是为殖民地人民的缘故，也为了让在英国的朋友们了解情况。

1768年，富兰克林向斯特拉汉的《伦敦邮报》投了一篇名为《1768年以前美洲人不满的原因》的稿子，但这家报纸在发表稿子时对稿子作了增删，见报时文稿已面目全非。富兰克林写信给儿子时抱怨：他们把我的文章拔去牙齿、剥掉指爪，使它既不能咬，又不能抓，只能慢慢咀嚼和触摸。直到1774年，这篇文章才在美洲全文发表。但即使在全文发表的文章中，富兰克林还是为殖民地人民的斗争作辩解，他主张调和，并坚持他在听证会上的立场，只是将那次已提出的论证略去不提。

富兰克林此时的地位很尴尬：一方面，他是美洲殖民地人民的半官方代理人，具有外交人员的身份。从这种身份出发，他需要全力弥合英国政府和殖民地人民的裂痕，认为联合有助于双方的强大；另一方面，他又是一位哲学家、思想家，习惯于探索并坚持真理。他声明：没有人会认为自己有错，我不是要支持美洲人的这些看法，他们只是被国会最近的法案所激怒，才宣称他们有力量反抗。

此时，富兰克林已逐渐放弃内外税有别、英国国会有权征收殖民地外税的观点。他认为英、美之间应是平等的关系，即均为英王的臣民，绝不应出现一方政府凌驾于另一方政府的现象，所以英国国会无权向殖民地征税。这使得英国政府认为他偏向美洲殖民地，而美洲殖民地政府则认为他太温和，有亲英之嫌。

1768 年，马萨诸塞州议会联络弗吉尼亚议会，共同发出巡回信件，呼吁殖民地各州团结御侮。于是英国政府又颁布了一次唐森德条例：解散马萨诸塞议会。英国内阁还准备将殖民地领导反抗的强硬分子拘往英国，以亨利八世时的叛国罪判刑。

这一下惹怒了殖民地人民，波士顿的商人率先行动起来，领导了全国性的抵制英货运动。很快，殖民地人民也组织了起来，用武力抵抗英国税吏的搜查和压迫。这次的反英运动空前浩大，殖民地人民不仅抵制英货，而且要求废止唐森德条例。抵制英货的结果是英国向殖民地输出的贸易总额剧减。英国政府被迫废除了唐森德条例。

这时的富兰克林继被乔治亚、新泽西委任为代理之后，于1769 年 12 月又被委任为马萨诸塞的代理人。作为马萨诸塞的代理人，富兰克林坚决地站在这块殖民地一边，为北美殖民地的利益奋斗。在宾夕法尼亚，他还时而站在议会和州长之间，从实际情况的需要出发作些调解。可是在富兰克林的故乡，局势已经开始朝另一个方向变化。

1770 年的一天，波士顿的一名绳索制造工人与驻扎在当地的英国士兵发生冲突。不久，一群闻讯而来的绳索制造工人聚集在海关前，向守卫海关的英国士兵讨要说法。后来，几个不满的工人开始向士兵投掷雪球，遭到士兵的辱骂。到了晚上，极度不满的群众手持棍棒走上街头，高呼赶走可恶的“红虾兵”（当时的英国士兵穿着红色的军服），向海关周围聚集而去。面对情绪激愤的群众，英国士兵火冒三丈，竟然举枪射向人群，打死了 5 名群众，全部是水手、工人和学徒。这次流血事件被称为“波士顿惨案”。这次事件震惊了波士顿和其他城市，愤怒的群众纷纷起来抗议驻扎的英国军队。

最终，英国军队被迫撤出了波士顿，殖民地的人民胜利了。

亲情和事业

在出使英国伦敦的漫长的岁月里，富兰克林在牵挂着远在费城的家和亲人的同时，也享受着近在身边的亲情和友情。富兰克林在伦敦克雷文街斯蒂文森家中，与其说是住在那里的房客，还不如说他更像一家之长。在这里，姓富兰克林的人越来越多。1766 年，富兰克林的一位族兄、染匠托马斯·富兰克林从莱斯特郡到伦敦来看他，还带着 13 岁的女儿萨丽·富兰克林。在斯蒂文森夫人的劝说下，托马斯同意将女儿留下由她照料，以便上学，学些待人接物方面的知识。后来这个女孩大多数时间就住在这里，直到她 7 年以后嫁给萨里的一位农民时才离开。那些年，她实际上成为富兰克林的第二个女儿。富兰克林的孙子谭波尔这时已有六七岁了，他被送到肯辛顿的一所寄宿学校学习，每逢假期，他便回到祖父身边住一阵子。斯蒂文森夫人的女儿波莉大多数时候都住在姨母蒂克尔夫人家里。因为斯蒂文森夫人不喜欢写信，所以多半是由富兰克林把家中发生的事写信告诉波莉。住在这所宅子里的人相处得如同一家人，有时候，房主和房客一块儿被斯特拉汉请去吃饭。

富兰克林长期远离费城的家，他和家人之间的亲情只有靠信件维系。富兰克林说过，黛博勒是他的最佳通信人。自从富兰克林的女儿萨拉生下了她的第一个孩子本杰明·富兰克林·贝奇后，黛博勒的来信中常常通篇都谈到她可爱的小外孙。富兰克林要她们多告诉自己一些小外孙的故事，还常常抱怨妻子的来信在这方面没谈到什么新东西。他还时常给妻子和女儿买衣料和其他用品寄去，他妻子则给他寄来玉米粉、荞麦面、苹果、桃干和桃仁。

作为科学家的富兰克林，在伦敦的生活内容也是丰富多彩的。

1766 年，青年学者约瑟夫·普利斯特里来到了伦敦，他本来在沃灵顿从事电学和化学研究，但他想在编写一部电学史的著作方面得到富兰克林的帮助，因此找上门来。富兰克林慷慨地为他提供了所需要的书，并将未曾向皇家学会报告的当年风筝实验的详情全部告诉了他。在普利斯特里的书完成后，富兰克林读了他的手稿，并帮助他争取被选入皇家学会。后来，这个年轻人成了富兰克林在欧洲最亲密的朋友。

富兰克林和科学界名人的交往，不仅是出于在世界范围内的科学领域内的人际、学术交流，更是为了让欧洲有学问的人通过自己了解和认识北美殖民地。在英国的数年交游，富兰克林结识了不少名士贵胄，英国皇家学会是他经常出入的俱乐部，他先后 4 次当选皇家学会参事会成员。

富兰克林在语言学方面也有所贡献，他分析了英语的语音，制定了一套新的字母表，因为他认为在英文字母中有 6 个字母是多余的，即 c、j、q、w、x、y，它们完全可以用其他字母代替。他所作的语言分析尽管还不够详尽，但不失为一种大胆的尝试。因为他感到当时的书面语言阻碍了英语语言的发展，文字拉了语言的后腿，他的改革计划将是革命性的，也涉及到每一个说英语的人，但关于这个改革的书最终没有完成。

富兰克林当选为美洲哲学学会会长后，发表了他的修订过的第 4 版《电学实验与观察》，在这本书中还增加了《哲学题目信札集》，这是他写给多位亲友的信件，内容涉及包括植物学在内的多个学科。后来，该书于被译为法文出版。1772 年，富兰克林被法国皇家科学院接纳为“外国会员”。

1772 年，英国军械局向富兰克林咨询，内容是关于如何保护设在普特弗利特的军火库不遭雷击。富兰克林实地考察，建议他们用避雷针，因为 3 年前人们曾遵照他的建议在圣保罗教堂顶上安装过一枚。这个问题被提交皇家学会解决，皇家学会指定了一个委员会解决此事，富兰克林是委员之一。富兰克林起草了一份报告，外加一份长篇解释。但是，这却遭到曾为电学家的威尔逊的反对，大多数委员提议用尖头避雷针，而威尔逊认为尖头避雷针会把雷电引到军火库来，钝头的避雷针更合适。乔治三世站到威尔逊一边，并命令在军火库和他的王宫都装上钝头避雷针。皇家学会会长普林格尔由于在这一问题上站在富兰克林这一边而没有支持乔治三世，被迫辞去了皇家学会会长一职，并被解除了御医的职务。

忍辱负重

“波士顿惨案”之后，殖民地与英国政府之间相安无事地过了3年，双方的冲突再次爆发，是在1773年。因为前几年，英国产品受到殖民地居民的共同抵制，致使英国东印度公司的生意一落千丈。英国国会为了帮助东印度公司销售积压的库存茶叶，于1773年通过了《救济东印度公司条例》，条例中明确指出，北美殖民者不能买卖私茶，而东印度公司则可以凭借关税豁免书，以低于私茶的价格抛售北美殖民者喜爱的荷兰茶叶，从而垄断向北美殖民地出口茶叶的生意。这样一来，东印度公司是高兴了，可是北美殖民者却很恼怒。

1773年年底的一天，发生了著名的“波士顿倾茶事件”。一个叫做赛缪尔·亚当斯的人在波士顿召集了60名激进的反英分子，装扮成印第安人，偷偷登上了3艘东印度公司的运茶船，打开船舱，捣毁了船上的货物，并将几百箱价值一百多万英镑的茶叶倒入了大海！

1774 年，英国国会先后颁布了 5 条法令，英国政府开始对北美殖民地采取了报复行动。

一、封锁波士顿港口。

二、取消马萨诸塞州的自治权。

三、在殖民地自由驻军。

四、取消殖民地的司法权。

五、在魁北克组建殖民地政府。

北美殖民地人民的不满和愤怒被这 5 项法令激到了最高点，那里的人民称之为“不可容忍的法令”，抗议运动如同烈火燃遍了北美殖民地。各殖民地人民纷纷支援在英军围困下濒于绝境的波士顿人民。塞缪尔·亚当斯起草公约，号召美洲人民抵制英货，各地纷纷响应；从马萨诸塞开始的北美各殖民地先后建立起已经演变为反英斗争的革命组织的通讯委员会；各殖民地议会派出代表在费城召开第一届大陆会议，共商反英斗争的大计。

就在这次会上，北美殖民地独立的主张被提出来了。

远在英国的富兰克林，始终心系北美殖民地，但他的思想和立场还没有转到用革命来最后解决英国对殖民地的剥削、镇压上来。此时的他已对英国内阁、英王不抱什么希望，但仍担心英国的疯狂镇压措施会激起殖民地的民变。

1774 年，富兰克林接到一份来自伦敦枢密院的邀请。邀请信措辞友好，富兰克林以为枢密院将考虑接受民众的请愿，请他去接替哈钦森州长的职务。但是 3 个星期后，当富兰克林走进枢密院时，才发现枢密院里坐满了议员和旁听者，高尔勋爵主持听证会，他要面对的是有关泄露哈钦森信件的调查。在一个半小时的时间里，富兰克林站在那里接受热衷辱骂的副检察长韦德伯恩的训斥，韦德伯恩是个苏格兰人，他对富兰克林进行了肆意恶毒的人身攻击。听证会结束后，富兰克林镇静地走了出来，一语未发。

富兰克林在伦敦的处境日益艰难，英国内阁中的人散布流言，使人认为他是引起殖民地与宗主国间误会的根源。他不得不经常更换住处以避免被捕，但他不能退却逃跑，使双方达成和解的希望支持着他继续留在英国。

富兰克林和英国政府代表进行会谈，希望达成一个妥协方案。英国代表提出，殖民地的代理人应在给英王的陈情书中保证赔偿被毁茶叶，在赔偿茶叶后，波士顿港口才可以被允许开放。富兰克林回答说他倒愿意作出保证，但恐怕马萨诸塞人不会同意。这场谈判最终以失败告终。

1775 年，正在忙着和英国人谈判的富兰克林得知了妻子黛博勒逝世的噩耗。其实在 1774 年底，黛博勒就得了重病。她告诉儿子说，如果这个冬天他父亲再不回来，她恐怕就再也见不到他了，因为她觉得自己活不过这个冬天。没想到她突然去世了，葬礼举行后两月，富兰克林才接到这个噩耗。富兰克林当即向英国政府表示，他得立刻赶回去。

富兰克林出使伦敦 10 余年，为北美殖民地的利益奔波，无时无刻不牵挂着美洲。他一直希望殖民地留在英帝国内部，和宗主国一道繁荣强盛，为此他置个人的荣辱毁誉于不顾，尽一切努力周旋于英国权贵之中。但是由于他的梦想是北美殖民地和英国本土的平等，是坚持北美殖民地人民的自由和权利，这就注定了他的失败，这一失败令他毅然决然地走上了革命道路。

1775 年 3 月底，富兰克林携孙儿谭波尔从朴次茅斯登船返回美洲。当他抵达费城时，莱克星顿之战已爆发，美国独立战争已拉开序幕。

原来，面对英国政府的高压政策，马萨诸塞的人民进行了顽强的抵抗，绝不妥协：他们拒绝赔偿东印度公司的茶叶损失，保护倾茶事件的参与者，围攻那些亲英人士和官员。马萨诸塞的行动得到了北美其他殖民地人民的同情与支持，同时他们也意识到，是时候团结起来了。

1774 年，来自 12 个殖民地的 55 名代表在宾夕法尼亚的费城举行了第一次大陆会议。与会代表的政治观点各不相同，有的主张殖民地与英国决裂；有的主张依然附属于英国，只不过要争取更大的权利；有的则主张暂时忍耐，等待独立的最佳时机。经过激烈的争执与讨论，会议通过了《权利宣言》，要求英国政府取消对殖民地的各种经济限制和之前颁布的 5 项法令，重申不经殖民地人民同意不得向殖民地征税，要求殖民地实行自治，撤走英国驻军。

第一届大陆会议的决议传到英国后，英国的统治阶级内部十分震惊，他们决定用武力压制殖民地的反抗活动，因为只有这样才能彰显英国的权威。当时的情况如此紧急，国王和大部分议员都看清了北美殖民地正一步步迈向独立的现实。

第一次大陆会议结束后，马萨诸塞人立刻行动起来，他们成立政府，建立议会，监督法庭，组织民兵，积累军火……就在他们积极准备的同时，马萨诸塞总督兼驻殖民地英军总司令托马斯·盖奇也没有闲着，他率领军队坐镇波士顿，修筑工事，日夜练兵，还派间谍搜集殖民地的情报。没过多久，他得知了波士顿最大的军火库就在康科德这个消息，于是决定派兵将其摧毁，并到莱克星顿逮捕北美反抗运动领袖塞缪尔·亚当斯等人。

令托马斯·盖奇没有想到的是，这个他自认为周密的计划还是被殖民地的人民知道了，亚当斯等人立刻躲藏了起来。为了给康科德的军火转移赢得宝贵的时间，莱克星顿的民兵马上集合起来，埋伏在公路的两旁，准备在这里袭击英军，以延缓他们的行军速度。

当指挥官约翰·皮特凯恩率领英国士兵到达莱克星顿地区时，他看见前方有一群拿着武器的北美民兵，他立刻命令民兵放下武器，但是遭到了民兵首领的拒绝。正在双方对峙的时候，不知道是谁先开了一枪，然后两军就开始了对射。结果北美民兵死伤十余人，而英军仅有1人轻伤，这次事件被称为“莱克星顿的枪声”。

虽然北美民兵第一次与英军作战以失败告终，但是它却揭开了美国独立战争的序幕。

第六章

一切为了独立

独立运动

《独立宣言》

争取法国援助

强大的盟友

完全的独立

独立运动

在那个时代，在欧洲人的心目中，富兰克林多多少少地成了北美殖民地的代表或领导人。因为当时的环境下，很少有富兰克林这样的美洲人在学术上、外交上蜚声欧洲。加上北美殖民地的武装斗争开始于富兰克林离开英国后，因此，在一般英国人看来，是富兰克林回到美洲，领导了一场战争。令人啼笑皆非的是，在许多美洲人看来，富兰克林回来是为英国当说客的。富兰克林并不在意这些对他个人的成见，一回到美洲，他便全身心地投入到殖民地人民的革命斗争中去了。

回到美洲之后，他希望儿子威廉和他在宾夕法尼亚的年轻战友加洛维也站在革命的一边。因为富兰克林一直非常看重加洛维的才干，他的加入也会有利于革命力量的壮大。他知道，作为英王委派的殖民地州长，威廉一旦站到了反对英王的旗帜之下，对英国政府的打击和对殖民地革命人民的鼓舞，都是不容忽视的。然而，富兰克林没有觉察儿子思想上的变化，这两个人都让他失望了。

后来，威廉·富兰克林一直忠实于他的公务。在被殖民地革命派囚禁了一段时间后，他当上了纽约效忠派协会的会长。加洛维在革命爆发后在美洲待了 3 年，而后去了英国，当了伦敦的美洲效忠派流亡者的代言人。

这真是令人诧异，年逾古稀的父亲成了革命者，正值壮年的儿子却成了保皇党。威廉完全不能接受父亲的政治观点，更不理解父亲的政治感情。回到费城的富兰克林在给儿子的信中指责他说："你这个彻头彻尾的朝臣，是用英国政府的眼光看待一切的。"言辞间透着一位老父的伤心、失望和怨愤。

回到费城的第二天，富兰克林就被宾夕法尼亚州议会选为代表参加第二次大陆会议，会议在宾夕法尼亚州政厅召开。第二天，会议代表们从伦敦的来信中得知英王和英国议会对第一次大陆会议的请愿书不予考虑。

此次大陆会议中，年事最高的富兰克林是最坚定、最大胆的代表，又是最沉默的代表。后来的美国总统杰斐逊曾说："革命前，我和华盛顿将军供职于弗吉尼亚议会，革命期间和富兰克林博士共事于大陆会议。我从未听到他们中哪一个一次发言 10 分钟，也没有听到他们谈到决定问题的主要点以外的任何话题。"

大陆会议指派富兰克林主持一个委员会，以建立一个邮政系统。他在提交了工作报告的第二天当选为邮政总长，1000 美元的年薪全部被他用于救助伤兵。按照富兰克林的计划建立起来的邮政系统，成为后来美国统一完整的邮政系统的基础。

这次大陆会议的重点是军队与战争。组建军队不是问题，因为当时各个殖民地都已自发组织起一支支民兵部队，将这些民兵部队组织起来便形成了“大陆军队”。问题是，由谁来领导大陆军呢？最后经过投票表决，温和且没有明显缺点的乔治·华盛顿以全票当选为大陆军的总司令。

7 月，富兰克林当选为宾夕法尼亚州公安委员会主席，承担起宾夕法尼亚繁重的练兵备战工作。到 9 月底，他已经领导人们在河水中设置了 17 处障碍，建造了 13 艘战船。这种战船在投入使用时犹如一座座移动的堡垒，两舷各设桨手 12 名，士兵 30 到 50 人，船上还配置有枪。

尽管此时北美殖民地已做好了同英军武装斗争的准备，但仍没有放弃同英国和平解决矛盾的最后努力。大陆会议通过约翰·迪金森起草的《橄榄枝请愿书》，在请愿书中，他们表示仍对英国国王乔治三世忠诚，不主张与英国分裂，并要求国王对邪恶的官员加以管制。富兰克林在英国多年，对英国的政客们了如指掌，他知道英国人不会理睬美洲人的请愿。果然，王室宣言宣布美洲人是叛逆的，并警告所有人都不得帮助他们。

富兰克林投身于在宾夕法尼亚州组建国民自卫队、为战船遴选军官、为部队准备药物，以及将火药从费城军火库送往纽约的公安委员会等工作。大陆会议选派他和两位同事前往坎布里奇同华盛顿和新英格兰当局会谈关于支持军队作战的问题。那段时间富兰克林十分繁忙，他负责枪和火药的进口，被派往一个秘密委员会工作；他还成为美洲贸易委员会委员；他担任美洲哲学学会会长已达7年，因此出席了美洲哲学学会的年会。

《独立宣言》

当时，战争的形势十分严峻：英军在6月焚毁了查尔斯顿，10月又焚毁了法尔茅斯。一年多以来，很多北美殖民地人士想到要和欧洲国家交好，以削弱英国的力量。到11月底，大陆会议着手进行这项工作。由于当时还有消息说，英国当局已雇佣了不伦瑞克和黑森的德意志军队来镇压叛乱。于是，大陆会议也开始寻求外援，当时看来最有希望的外援是欧洲大陆的强国——法国。

其实法国早就在关注北美英属殖民地的局势和大陆会议的情况，法国密使阿夏德·德·邦弗洛尔来到费城，他先设法认识了富兰克林，然后通过富兰克林和其他委员结识了。他们在夜里碰头，每一个人都单独、秘密地到达会面地点。邦弗洛尔声称他受命向殖民地领导人传递这样的信息：殖民地可以独立，将贸易权交给法国。

实际上，这时的大陆会议正处于左右为难的境地：在不能确信可以得到外援的情况下，殖民地不能宣布独立；可只有在宣布独立后才能保证得到法国的援助。所以委员会在和邦弗洛尔的三次会面中，力图使他相信大陆会议正在下决心独立。邦弗洛尔于11月28日把消息报告给法国。

富兰克林的外交事业就此开始了，因为这时的秘密通信委员会既不能贸然行事，更不能无所作为。于是，他们谨慎而稳妥地走了一步：他们联名给在伦敦的阿瑟·李写了一封信，指示他了解一下各大国对北美殖民地的态度如何，并交给他200英镑作为活动经费。然而早期外交通信的大部分工作都落在富兰克林一人身上，因为他在欧洲有朋友，在这以前，他们已经相互通过信了。

1776年1月，费城的一名记者托马斯·潘恩发表了他的《常识》，这像一声瞭亮的号角，穿破人们思想中尚存的疑云惑雾，使独立的观念在整个“北美大陆”的大地上不胫而走，植入了人民的脑海。在革命战争的进程中，北美殖民地的各阶层人民的思想意识里，“独立”这两个字日渐变得日渐鲜明、突出。一个新的国家即将诞生。

这时，英国议会颁布了绝对封锁令，禁止任何国家同北美殖民地开展贸易活动以及殖民地之间的贸易往来。消息传来，大陆会议针锋相对地宣布，北美殖民地的港口向所有国家开放，除了英国。同时，各殖民地议会纷纷向他们在大陆会议的代表发出指令，投票赞成独立。

尽管富兰克林和亚当斯、杰斐逊同为最早、也是最坚决地主张殖民地与英国决裂的会议代表，可是在独立的问题上，当时已经分裂的宾夕法尼亚州代表们受到保守的州议会的约束，因此宾夕法尼亚州落在后面了。作为大陆会议的会址，费城有可能成为独立后国家的首都。因此，大陆会议决定干预该州的内乱。5 月，会议通过决议，敦促尚无称职政府的各州加紧组建新政府。宾夕法尼亚人民在州政厅院子里召开群众大会，要求废弃英王授予的旧宪章，制订新宪法，建立新的立法机构。随后，宾夕法尼亚州议会开会，在一个各县委员会代表会议上解散了旧议会，并呼吁召开宪法会议。

威廉·富兰克林作为殖民地时期英王委派的新泽西州州长，在这场变革各州州政的暴风雨中也受到了冲击，革命者将他押往他在柏林顿的庄园看管起来了，大陆会议决定将他遣送到康涅狄格。尽管由于他父亲的缘故，威廉·富兰克林得到一些宽大处理，但他毕竟是效忠派分子，因此他还是在康涅狄格做了两年多的阶下囚。

1776 年，弗吉尼亚代表理查德·亨利·李向大陆会议提交了一项建议：13 个联合起来的殖民地应当组成自由和独立的国家。根据这项建议，大陆会议很快就提名成立一个委员会来负责起草《独立宣言》，这份宣言将向全世界公布。委员会由约翰·亚当斯、本杰明·富兰克林、托马斯·杰斐逊、罗伯特·利文斯顿和罗杰·谢尔曼 5 人组成的。

由于委员会五人之中有四人来自北方，一人来自南方，为了避免殖民地分裂，委员会决定让唯一来自南方弗吉尼亚州的代表托马斯·杰斐逊负责起草《独立宣言》初稿，初稿完成后，杰斐逊将它拿给富兰克林和亚当斯过目。富兰克林和亚当斯只对宣言的初稿作了少许改动，他记起了当年宾夕法尼亚州议会通过的许多法案都遭到英国议会否决，所以在杰斐逊指控英王批准议会法案“以剥夺我们的宪章，从根本上改变我们政府的形式”的句子中间，富兰克林插上了一句“废除我们大多数有价值的法律”。杰斐逊写到的北美洲殖民地的请愿书被“答以一次又一次的伤害”，富兰克林将其改为“仅仅答以一次又一次的伤害”以加重语气。而对于杰斐逊指控英国政府派遣外国雇佣军来企图“将我们淹没在血泊中”，富兰克林将它改为更写实的“消灭我们”，但最后这一处被大陆会议删去了。

之后委员会将宣言草稿提交大陆会议。大陆会议宣布与英国政府断绝政治联系，正式脱离英国的统治，并对《独立宣言》进行讨论。最终于 7 月 4 日，经大陆会议修改过的《独立宣言》获得通过，并由各殖民地代表签字。宣言通过后，会议向群集在州政厅外的费城群众宣读了宣言，之后宣言在《宾夕法尼亚杂志》上发表，会议代表签署了《独立宣言》。《独立宣言》宣布北美 13 个殖民地“作为一个独立自由的国家，完全有权宣战、缔和、结盟、通商和采取独立国家有权采取的一切行动。”

从此，北美殖民地正式脱离英国，成为一个独立的国家

——美国。

美国这个国家从成立的第一天起，就面临着被倾覆的危险。就在《独立宣言》问世的前一天，从波士顿退到哈利法克斯的豪将军的军队在得到扩充休整后，在斯塔腾岛登陆。一个星期之内，海军上将豪勋爵率领一支舰队和运输舰，和他的兄弟会师了。除了英国部队和水手，他们的军队人数和华盛顿在曼哈顿的兵力大约是2：1的比例；在训练和装备上，美军更是望尘莫及。豪家两兄弟以特使的名义声称，对要求宽恕的叛乱者他们愿意给以完全的赦免，而不愿和他们打下去。

富兰克林在受命为合众国设计印鉴的期间，还奉命和约翰·亚当斯一同起草一份和外国缔结同盟条约的盟约草案，供日后谈判时提出。草案包括一套商务条约、友好条约的文本。这些文本加上后来给使者的指示，组成了“1776年计划”。后来美国和法国以及其他国家签订的条约均以此计划为基础。在讨论新联邦国家的方案时，富兰克林提出各州应按其人数的比例和贡献大小来确定会议代表的人数。

争取法国援助

大陆会议上的争论还没有结果，战场上的形势却急转直下。1776 年 7 月，英军的威廉·豪少将指挥部队逼近纽约城。指挥官乔治·华盛顿当时负责防守纽约城，他见此架势，觉得情况不妙，于是集中兵力来防守。尽管如此，华盛顿还是认为要阻止敌人在长岛登陆是不可能的，因为长岛地域广阔，有很多地方都能够登陆。8 月，英军果然登陆长岛并发起进攻，整个纽约城都陷入到恐慌之中。战斗持续了约两个小时，英军俘获驻守在那儿的将军及近千名美军。接着英军近逼纽约，对美军实行分割包围，各个击破。华盛顿只好率领部队在夜幕的掩护下渡过哈得孙河，进入宾夕法尼亚。

战况对美国十分不利，大陆会议又把目光转向法国的援助。当时，法国还不准备和美国结盟，但同意把价值 20 万英镑的武器弹药运送到西印度群岛某一美国大陆会议能够取货的港口。富兰克林和秘密通信委员会委员罗伯特·莫利斯约定，这一情况必须瞒着大陆会议，以免走漏风声，暴露法国的作为，使美国的外交陷于被动。

富兰克林决定争取法国的援助，他要亲自去一趟法国，临行前，富兰克林交代了几件事。一是让他的女婿理查德·贝奇代理他的邮政长理的职位，并嘱咐贝奇“将能筹到的所有的钱，在三四千英镑之间”都作为给大陆会议的贷款，以显示他的信心，鼓舞其他人把钱借出来支持美国人民的事业。另一件事是将他的将近20年来的信件，整整一箱子，托付给了当时已引退在乡间的加洛维。那个箱子里放着他的自传的唯一一份手稿。

1776年10月，富兰克林离开了费城，他乘坐帆船向法国驶去。12月，富兰克林到达了巴黎近郊凡尔赛，西勒斯·迪安驱车在那里迎接他，然后一同向巴黎驶去。此次他身边有两个孙辈陪他出使，一个是已17岁的谭波尔，另一个是7岁的外孙本杰明·富兰克林·贝奇。

那时候，得到他的签名在法国人中成为一种时尚，因为在法国人的心目中，是富兰克林领导了北美殖民地反对英国，他是个英雄。而且由于他很少在外露面，反而使得人们更加想见见他。富兰克林在法国人心目中的形象对他的使命是非常有助益的。然而，和人民大众不一样，法国当局在和美国的交往中，考虑的是利益。

在17世纪末至18世纪前半叶，欧洲几个强国之间不断爆发战争，战争双方的组合时有变化，但无论怎样变，英国和法国始终是敌对方。两国在欧洲、北美洲和印度都发生过冲突，结果七年战争爆发，这场战争以英国获胜结束。英国夺去了法属加拿大和北美洲密西西比河以东的大量土地，并排挤法国在印度的势力，使法国对外侵略的力量削弱。

1775 年，不到 20 岁的法国国王路易十六登基继位，他的外务大臣弗尔仁尼敏锐地从英国同他的殖民地的冲突中看到了法国获利的机会。弗尔仁尼考虑到，如果这场纠纷得到和平解决，英国就能腾出手来对付曾经干预这场纠纷的国家。在富兰克林当时徒费心机地与英国进行谈判的时候，弗尔仁尼就从伦敦方面得到消息——北美殖民地准备寻求法国的援助。在 1775 年的夏季，费城的大陆会议仍在希望避免同英国最后决裂，而弗尔仁尼在伦敦的一个间谍却反馈，英国这一统一帝国的崩溃已近在眼前，法国应趁英国内患重重之际，给英国狠狠的一击。

1775 年 9 月，弗尔仁尼派邦弗洛尔去费城给大陆会议打气，同时，他和商人布马奇开始制定援助北美殖民地的计划。弗尔仁尼还去说服路易十六及其参事会，使他们相信在美国人允诺将合法贸易权交给法国的条件下，给美国秘密的军需帮助是明智的。布马奇还将开办一家商业机构来实现这一计划，法国和西班牙将一起筹集这一商业机构的起始资金。

法国国王和参事会听信了弗尔仁尼的主张。到美国代表西勒斯·迪安从美洲赶来向法国求援时，法国已和西班牙达成协议，各为布马奇提供 100 万法郎。到 7 月份迪安抵达巴黎时，布马奇已经拿到了法国方面的100万法郎，准备建立一家同美洲进行贸易的公司。

但是，当布马奇在伦敦同美国秘密通信委员会的代表阿瑟·李交谈时，阿瑟·李却不理解布马奇的计划。李带信给委员会，说法国和西班牙将赠送20万英镑。当迪安来到巴黎，受权用货物支付运到美洲去的军火的价款时，布马奇和他以此为基础签订了一份合同。这其实是布马奇在为无偿提供给他的资金索要报酬，然后中饱私囊。

同年8月，弗尔仁尼听说波士顿遭到破坏和《独立宣言》发表的消息时，打算将开始对英国的敌对行动。但是，华盛顿在长岛战败、纽约失守的消息传来，弗尔仁尼又改变了主意：他不打算站在输掉的一边。

富兰克林就是在法国对美外交摇摆的现状之下，来到了巴黎。3天以后，美国的3位使者齐集巴黎——杰斐逊因故不能赴法，大陆会议临时改派阿瑟·李为赴法使者，通知弗尔仁尼说，美国3名使者“被美利坚合众国的大陆会议授予全权以提议并谈判法国和合众国之间的商务条约。

3名使节见到了弗尔仁尼，弗尔仁尼盛赞了富兰克林的名气、知识和智慧，但他却反对在美国前途未卜时同英国反目。法国的这一立场在富兰克林的意料之中。

1777年，在来到巴黎近3个月后，富兰克林在距巴黎半英里的帕西村安下了家，他离开了喧嚣的闹市。帕西村是高地上的一处整齐的村落，有一座大花园可供散步。本杰明·富兰克林·贝奇在村里的寄宿学校上学，星期日才回到外祖父身边。谭波尔留在富兰克林跟前，如同秘书一样给祖父帮忙。富兰克林的侄孙乔纳森·威廉斯从伦敦来到巴黎，一会儿在帕西，一会儿又到南特去处理开往美洲的一艘艘货船。富兰克林常请迪安和他同住在一间屋子里，但没有请过阿瑟·李。

外交活动

自富兰克林到达巴黎以后，英国也加强了外交活动。英国驻法大使斯多蒙特密切注视着法国人采取的每一行动步骤，对法国向美国表示的每一点好意都提出抗议。

当时的李愤怒而苦恼，因为他受到迪安的排斥，富兰克林又使他黯然失色。布马奇忙于和迪安打交道，富兰克林已将这方面的事宜交由迪安处理。当时迪安的知己、后来也是整个使团的密友爱德华·班克罗夫特实际上是一名间谍。他从1776年12月起就从英国政府领取报酬，将美国人的秘密暗中透露给伦敦方面。

富兰克林到了法国这个消息，英国从一开始就知道，他在伦敦的敌人放出风声说，富兰克林是无耻地从一场他发动的无望的反叛中逃出来的。但上院反对派的领袖罗金厄姆却用不同的眼光看待富兰克林的使命。罗金厄姆认为，英国的大臣们会尽量控制因富兰克林向法国靠拢而感到的危险，但他们的内心却无比害怕。

的确，即使法国政府不打算马上同美国结盟，美国的外交也是有成效的。美国使节见了弗尔仁尼的几天后，他们就收到了200万法郎的秘密补助金。

与此同时，富兰克林恢复了和法国学者的交往，他还给巴黎的报纸杂志写稿。1777年1月，富兰克林出席了皇家科学院的会议。

富兰克林住到帕西以后，由于他的名气和事业，几乎被信件和来访者占据了所有时间。任何人只要想起关于美洲的话题，或多少知道一些情况的，都给富兰克林写信；商人们则没完没了地申请到美洲去经商；最多的要求来自法国和欧洲其他国家的军官，他们想被推荐到美国军队中去。对于这种情况，一般来说富兰克林一律拒绝了，但是也有例外，那就是拉法耶特和斯图本。

年轻的拉法耶特急于要为和英军打仗而战死的父亲报仇，同时也是为了支持美国人民的独立事业。尽管在拉法耶特赴美前，富兰克林从来没见过他，但他还是给华盛顿写了信推荐他，并请华盛顿给他以关照，以免他“极度慷慨的性格”被他人利用。他告诉华盛顿说，拉法耶特有一些朋友，能帮助他准备军事装备。拉法耶特到美洲后受到华盛顿的重用，成为美军中一名英勇的军官。

另一个例外的是德·斯图本伯爵。斯图本曾供职于普鲁士统帅部，任普鲁士王弗雷德里克的副官，因而具有当时堪称一流的军官素质。1777 年，斯图本穷困潦倒，到巴黎来谋职。他到帕西看望富兰克林，表明了自己想到美国军队中服务的心愿。富兰克林从他自述的经历中看出他在缺乏训练、战斗素质差的美军中必定会成为有用的人才。于是，他和迪安商量了一番，决定保举他赴美参军。他在给华盛顿的信中这样介绍斯图本，“这位先生将有幸携带此信谒见你，他是德·斯图本伯爵，前不久是普鲁士国王麾下的随侍武官，身任经理署署长，参加了普鲁士国王领导的所有战斗”。富兰克林的信中所说有些不是事实，但就是这些不实之词给了大陆会议以异常深刻的印象，他们将斯图本派到华盛顿在福吉谷的司令部任职。斯图本倒也不负所望，不出几个星期，就将军队面貌变得焕然一新。自那以后，这支军队在军纪军风上足以与英军媲美。在他的训练场上，美国的民兵出落成了战士。斯图本为美国的独立事业立下了汗马功劳。

同时，美国使团内部有了人事变动。阿瑟·李疑心迪安在和布马奇联系援美物资的过程中中饱私囊，他还怀疑富兰克林也曾染指，因为富兰克林答应迪安全权处理其事。因此，阿瑟·李便写信向大陆会议的成员塞缪尔·亚当斯和自己的兄弟谈了自己的怀疑。

实际上，阿瑟·李之所以如此，还因为他不满足于自己在使团中的地位。大陆会议派富兰克林、迪安和阿瑟·李作为赴法使团，在使团中，3 人的地位是同等的。但是，在实际外交事务中，由于富兰克林的名望，使他的地位远远高于迪安和李。迪安对此毫不介意，而且十分自豪自己能被看作是富兰克林的朋友和同胞。阿瑟·李尽管从内心深处是敬仰富兰克林的，但他不甘置身于富兰克林之下，特别是富兰克林和迪安之间的相互信任令他感到孤立，他认为自己被冷落了。

塞缪尔·亚当斯和阿瑟·李的兄弟理查德·亨利·李读了阿瑟·李的信后，在大陆会议上讨论此事，得到大陆会议的支持。1777 年 5 月，理查德·亨利·李被派出使西班牙，阿瑟·李的另一个兄弟威廉·李奉命出使柏林和维也纳，拉尔夫·伊扎德出使托斯卡纳。12 月，大陆会议命令迪安回国报告“欧洲事务状况”，而富兰克林去了维也纳。这样，在巴黎的外交事务就由阿瑟·李一人负责了。

1777 年 7 月，弗尔仁尼告诉法国国王路易十六，秘密援助已不足以使美国独立战争维持下去，当前必须作出决断：要么完全改变支持美方的立场，要么就是比目前走得更远——向英国宣战，也就是缔结法、美、西攻守同盟，三方若未得其他两方同意，不得单独与英国和解。路易十六听了，告诉弗尔仁尼说，只要西班牙愿意同时行动，他同意和美国结盟。

然而就在这时，西班牙却退缩了。当时，西班牙和葡萄牙已达成停战协定，西班牙又一直反对任何一国的美洲殖民地独立，因此不打算增强对美援助。同时，美洲传来的美军战况也不容乐观：英军将领柏高英于 7 月轻取提坎德罗加，豪将军准备夺占费城。弗尔仁尼心中暗自衡量，如果费城和纽约陷入英军掌握之中，新英格兰又被柏高英隔绝孤立，那么美国的叛乱必败无疑。因此，法国决定在此时作观望态度。

富兰克林为此忧心如焚，但在法国人面前，他却保持了他一贯的风度，镇定自若，谈笑如常。一向认为外交必须以自强为唯一基础的富兰克林已看出，美国的独立事业正经历着它的最低点。此时，英国战舰几乎切断了美国与外界的通信联系，但极少几封来自大陆会议的信中都说，如果没有盟友的支持，他们已不知道该如何将战争继续下去了。

9月，使团向弗尔仁尼递交了一份备忘录，要求法国政府承认他们是独立的国家，并提供1400万法郎的贷款，那对美国的独立战争将是雪中送炭。但备忘录的内容很快就被狡诈的内奸班克罗夫特泄露出去了。在备忘录送到弗尔仁尼手中之前，斯多蒙特就知道了这事，并向法国政府提出抗议。

弗尔仁尼提醒使团注意保密，但除了阿瑟·李以外，富兰克林和迪安仍没有意识到内奸就近在身边。富兰克林还认为弗尔仁尼这样说是以此为借口，不肯承认美国独立和发放贷款。富兰克林万万没想到问题居然出在自己深信不疑的朋友身上。

强大的盟友

英军并不满足于之前的胜利，美国的战况还在继续恶化。1777 年 9 月，威廉·豪将军攻陷了大陆会议的所在地费城，致使大陆会议被迫撤离到宾夕法尼亚的约克镇。美军被接连的失败逼上了绝路，他们急需一场胜利来安慰焦灼不安的美国民众，证明自己的实力。

不久，机会来了。在威廉·豪进军费城的同时，约翰·柏高英将自己的部队分为两部分，大部分由他亲自率领，另一部分则由军官巴里·圣莱杰率领，从加拿大出发南下，希望能与威廉·豪会合，这样，英军就可以控制住整个北方。华盛顿对柏高英的行动迅速做出反应，先后派出本尼迪克特·阿诺德、本杰明·林肯和丹尼尔·摩根强力支援北方军司令菲利普·斯凯勒。

9 月，柏高英越过哈得孙河到对岸，逼近纽约州首府奥尔巴尼，此时，美军正在全力集结兵力，先后在弗里曼农庄和比米斯高地重创英军。特别是在比米斯高地之战中，英军死伤人数是美军的 5 倍。

10 月，柏高英撤至萨拉托加附近时，被美军切断了撤退路线和后勤供应线。柏高英被迫率领 6000 名英军投降，美军因此获得大量物资。这就是美国历史上著名的萨拉托加大捷。

由于英国和欧洲隔着大西洋，传递消息往往要一两个月的时间。11 月，从英国传来消息说，费城被豪将军攻陷了。但是在美国的 3 名使者中，富兰克林表现得相当坚定。他是有远见的，当时他们只能等待，满怀胜利信心地等待。当朋友忧心忡忡地通知他费城失陷的消息，说："豪将军攻占了费城。"他却接口答道："不对，应该是费城俘获了豪将军。"果然，胜利并没有让他们等待太久。

12 月，富兰克林草拟了建议书，由谭波尔呈递给法国外交部。美国使节秘密来到约定的地点和弗尔仁尼会晤。等美国使节到那里，弗尔仁尼和杰拉尔德已经等在那里了。寒暄过后，富兰克林、迪安和阿瑟·李便静等弗尔仁尼表态，因为这实际上是对 9 月份美国使者递交的备忘录的答复。他们期待尽早达成结盟，以明确两国的关系，因为美国的战局发生重大变化，他们想加快独立战争的胜利进程。

然而，弗尔仁尼却缓缓地说："由于西班牙尚未明确表态，法国政府目前还不能有所作为。"他说，他的信差已经前去马德里，一个星期内便可返回。富兰克林他们 3 人听了这话，不由得有些失望。弗尔仁尼又说了一通称赞美军并鼓励美国使者耐心等待的话以后，3 位使者没有多说什么，只好告别。仅仅过去了 5 天，杰拉尔德又来到帕西，告诉使团的成员，说法国国王和他的参事会已经决定要和美国结盟，只是出于对西班牙的尊重，目前暂时不能缔结条约。一旦信使从马德里返回，一定会对各位使者有个交代。

到了 12 月，西班牙的答复终于到了。西班牙反对签订同盟条约，如果法国要签约，只能单独行动。条约原定于 1778 年 2 月 5 日签署，但在一切准备就绪，只等当晚举行仪式时，法国的特命全权大使杰拉尔德感冒了，仪式只得推迟到次日举行。

6 日晚上，在法国外交部，美国 3 位使节同时到场。双方的人员到齐，签字仪式正式开始。杰拉尔德先在盟约上签上了自己的名字，富兰克林接着签名，然后是迪安和阿瑟·李。签好的条约交由富兰克林保管。

1778 年 3 月，富兰克林、迪安和阿瑟·李乘坐的马车驶过凡尔赛的路面，停在皇宫附近，一路上有许多民众挤在路边观看。富兰克林从车上下来，和其他两位使者向皇宫走去。

身着便装的路易十六正见到美国使者一行人，他先请使者代向大陆会议转达他的友好愿望，并提到刚刚签订不久的美法条约，说："我希望它对两个国家都有利。"然后，他又向富兰克林致意，赞扬富兰克林及他在法国的同胞的品德。富兰克林以美国的名义向路易十六致谢后，说："陛下可以相信大陆会议对此的谢忱和它对它承担的义务的忠实履行。”

法国国王以接见美国使者的形式，认可了美法条约，从此美国得到了一个强大的盟友。

英国政府在萨拉托加败北后，又在外交上打了败仗。他们不甘心失败，趁着远在美国的大陆会议还不知道在法国发生的事情，便以诺思当年在议会所作的和解发言为基础，草拟了一份和解建议书，派快船开往美洲，力求抢先和大陆会议达成协议。而法国海军则带着那份珍贵的签了字的条约，同时赶往美国。这样，英国和法国这两个欧洲最大的国家在大西洋上进行了一场真正的海上航行竞赛。

这场航行竞赛的结果是英国海军取胜，英国议会的法案先到了大陆会议手中。在一段时间里，大陆会议中不少人认为同英国来使商谈才是明智的。就在这时，在海上竞航中输掉了的法国军舰终于把法美条约送达大陆会议。会议上的各州代表喜出望外。

5 月 4 日，大陆会议通过批准《美法友好和通商条约》和《美法同盟条约》。英、法两国的大使被召来了，法国成为美国的盟友，英国和法国进入战争状态。

7 月 8 日，一只法国舰队由孔特·德斯泰恩率领，出现在特拉华河口，杰拉尔德走下战舰，踏上美洲的国土，成为得到承认的合众国的第一位受政府委派的官员。

完全的独立

驻法国的美国使团的 3 个使者在共事中，发现这种多人代表美国从事外交活动的设定有很多不便，统一认为应由一个人担任驻法使节。大陆会议开始认真考虑这件事。1778 年 9 月，大陆会议投票否决了合作使团，选举富兰克林为唯一的驻法特命全权大使。

大陆会议的任命和指示是由请假回巴黎的拉法耶特带去的。才 20 岁出头的拉法耶特为了追求荣誉和为父亲复仇而去美国，他在美国战功赫赫，成为华盛顿的得力助手，同时也成为富兰克林的忠实友人。

任命下达到驻巴黎的美国使团，并不计较个人得失的迪安诚心诚意地赞同大陆会议的决议，阿瑟·李却十分愤怒，但他也不得不接受大陆会议的决定。

由于痛风病发作，直到 1779 年 3 月，富兰克林才参加了自己的就职典礼。他以美国大使的新身份谒见了路易十六，呈递了特命全权大使的任命书，受到了最高的礼遇。他又和各国的使臣相见，然后拜访王室家族。尽管这一切使富兰克林疲乏不堪，但他却为自己能留在法国任职而感到由衷的高兴。

就任驻法大使带来的喜悦过去了，大量的日常工作接踵而来。这时整个欧洲的形势对美国极其有利：1778 年美法缔结同盟条约后，法国舰队开往西印度群岛和美国海岸，支援美国的独立战争；1779 年，法国、西班牙结成联盟，西班牙以法国同盟者的身份，在海上参加对英战争。为了对抗法西联盟，英国采取海上封锁政策，拦截中立国海上的船只，于是北欧的丹麦、瑞典和俄国于 1780 年发动了“武装中立”，欧洲其他国家普鲁士、奥地利、葡萄牙等也先后加入。同时，荷兰海上贸易的迅速发展，引起英国的不安。1780 年，英国又对荷兰宣战。所有这些，使英国在对美国作战的同时，还得派遣舰队和兵力到北海、地中海、加勒比海、印度洋去抵御法国、荷兰、西班牙的袭击。一时间，以美国独立战争为契机，欧洲各国展开了一场维护或争夺商业利益的战争，目标都指向英国。富兰克林在这种有利的国际形势下，展开了多方面的外交活动。

1779 年，富兰克林代表大陆会议，和法国海军部共同策划了对英国沿海的联合进攻。在这一进攻计划中，海军由约翰·保罗·琼斯率领，罗伊斯指挥，陆军则由拉法耶特指挥。整个计划就是拉法耶特提出的。后来，拉法耶特在计划中承担的任务被取消了，琼斯便带着富兰克林拟定的指示，独自率领“和蔼的理查号”及其舰队于8月份出发了。9月，琼斯大获全胜，击毁了英军舰队的旗舰“塞拉皮斯号”。这是美国海军的首次重大胜利。

富兰克林还负责派遣美国的私掠船，利用法国港口为基地，劫取英国商船货物。当私掠船满载而归时，他则对战利品进行处理，发付出售。这是令他头痛的一项任务，因为他内心里并不赞成这种做法。

富兰克林在担任了近乎美国海军的海外官员的角色同时，他实际上还是美国的海外财政官员。

从革命爆发的初期起，大陆会议便承担起浩大的财政开支。军队一直需要大量的金钱去向国外购买军火，支付国内官兵的薪饷，而他们又不具有向各州人民课征赋税的权力，而且各州内部的征税也很困难。当时，各州内部在独立的问题上都有分歧，人们因此而分成不同的政治派别。可以说，美国的独立战争既是反对宗主国英国的战争，又是一场内战。在这样的情况下，广泛而大量地征税极易将一些动摇分子逼入反对独立的阵营中去。大陆会议除了于1775年决定两次发行纸币600万英镑外，余下的开支只能依赖巨额的战时贷款。

1776年，法国和西班牙向布马奇贷款200万法郎，援助美国；1777年，法国再度给予美国200万法郎贷款；1778年美法结盟后，法国又将到1782年为止的总额达1800万法郎的贷款中的第一批300万法郎拨付美国。所有这些款项都得由富兰克林向法国内阁申请，这个内阁当时还承担着本国向英国开战的财政压力。而且，申请贷款的时机也不能由富兰克林自己决定，他得听从大陆会议的指示行事。往往是大陆会议的汇票到了，法国政府的贷款还没有从国库拨到大陆会议在巴黎银行的账号上。

富兰克林一方面不能违背大陆会议的指示，另一方面法国政府有预定的年度预算，他们不喜欢富兰克林突如其来地提出贷款要求，这事情的确很难办。而且这种上门请求贷款的任务常使富兰克林感到难堪，更难堪的是上了门，提了要求，还是不能及时借到大陆会议提出的款额。但无论如何，富兰克林总是费尽心力完成了任务。

与此同时，富兰克林还抵制了西班牙提出的对密西西比河的要求。西班牙政府以获得对密西西比河的控制为条件，愿意和美国结盟。富兰克林于1780年10月愤怒地写信告诉约翰·杰伊："我们是很穷，但我知道我们会富有的。我宁愿花上一大笔钱去买他们对密西西比河的全部权利，也不愿出卖一滴密西西比河的水，那还不如我向我邻居出卖我的大门。"

当约翰·亚当斯抵达法国加入美国代表团时，发现在当地富兰克林的肖像随处可见，挂在壁炉架上，垂在表链下，刻在装饰盘、徽章、戒指上，印在外衣、帽子、鼻烟壶上。这里的每个人——上至内阁部长下至旅馆的女侍都知道富兰克林博士的大名。更让亚当斯惊异的是，富兰克林似乎拥有吸引所有女性的魅力，因为各年龄段的女人都喜欢簇拥在这位仪表堂堂、头发稀疏、备受痛风折磨的 70 岁老头身旁，希望赢得他的注意。

就在这段时间，富兰克林和亚当斯之间发生了误会，事情是由亚当斯引起的。

1779 年，亚当斯返回美国后，弗尔仁尼通过杰拉尔德建议大陆会议派一个和平使团到法国来，并且特别指名希望派亚当斯担当此任。然而，当亚当斯次年 2 月赴法任职时，弗尔仁尼又被他的行事方式和态度所激怒，不愿意再和他打交道。对此，亚当斯却归罪于富兰克林，并且更加相信法国有其自私的目的，想要延长美国和英国的战争，以从中获利，而不考虑美国的利益。

1780 年，美法联军在南方从英军手中夺取萨凡纳的计划失败，而一支英国远征军却攻下了查尔斯顿。英军统帅康瓦利斯在美国内陆行军，在卡姆登附近击败了美国将领盖茨的军队，美国的战局令人担忧。华盛顿也从美国写信告诉富兰克林，要么同英国缔和，要么从法国借钱来，局势已万分危急。

1781 年，通过背水一战、绝境求生，美法联军打了几次胜仗。纳萨内尔·格林在卡罗莱纳境内的作战明显地扭转了败局，拉法耶特率军袭扰康瓦利斯，移师北上，进入弗吉尼亚。5 月，罗尚布在新港得知另一支法国舰队由德·格拉赛伯爵率领途经西印度群岛驰援美国，路易十六也已批准将 600 万法郎的补助金拨付美国用于战争，危局终于过去了。

在办完此事后，富兰克林知道约翰·劳伦斯正作为特使从美国出发来此，而且约翰·亚当斯已被任命为议和专使，特别是李氏兄弟和伊扎德在国内必然四处贬损自己，于是他想到了辞职。可是大陆会议拒绝了富兰克林的辞职请求。富兰克林并不感到沮丧，毕竟他并不是因为厌倦这个职务才提出辞职的。

1783 年，富兰克林、亚当斯和杰伊被选派为同英国议和的使者。富兰克林对这一任命既看重又忧虑。看重它是因为这代表着荣誉，而忧虑是因为他看到在历史上，所有的和约，即使是在最有利的条件下缔结的，都会有人对其不满意。

据说，议和当天富兰克林穿的衣服正是 10 年前他在英国枢密院受辱骂时所穿的那件。但这一次恰如他所代表的新生国家，他把过去的耻辱转化成了今日的胜利。

9 月 3 日，在巴黎附近的凡尔赛，美国同英国签订了和约，其中第一条就是英国承认美国为自由、自主和独立的国家。《美英巴黎和约》的签订，标志着美国终于获得了完全的独立。

公务之外

除了繁忙的公务以外，富兰克林有着广阔的社会交谊，他的生活中总是有许多的朋友，有工作上的伙伴，也有亲密的私人朋友。1783 年，在巴黎的新共济会大厅里举行了庆典，富兰克林的塑像在音乐声中隆重揭幕，上面刻着拉丁文铭文：“他从空中抓住了雷电，从暴君手中夺下了权杖。”富兰克林对此提出抗议，认为这赞誉超过了他所应得的，他说："这些话太过头了，特别是关于暴君的那些；革命是许多才智、勇敢之士进行的，如果我能被允许分享其中一点点，那就是足够光荣的了。"

法国的共济会和美国的有所不同。在美国，共济会只具有社会性和地方性的意义，对政治的影响微乎其微。在法国，它却带有自由思想、反对专制的鲜明特征。对于会员们极为关注的法国事务，富兰克林自然不便去发表议论，因为身为一个国家向法国国王派驻的官方大使，他不能不谨慎。然而，他是他们中的一员。由于他的建议，拉·罗其福考尔·丹维尔将美国的州级宪法译成了法文。

在法国的共济会员看来，美国的宪法成了他们学习实践中的资产阶级自由民主的启蒙课本。这是些立宪主义者，他们想用宪法限制本国的君主。他们中有几个在法国资产阶级革命进程中成为革命的温和派——吉伦特派分子。在暴力革命发生前，他们和这位科学家、思想家谈论宪法，因为在他们的心目中，富兰克林用可敬的智慧制造了一场革命，这符合他们的口味。

显然，富兰克林也觉察不出法国的革命会走一条同美国不同的道路。数年来，忙于外交事务的富兰克林，足不出巴黎和巴黎近郊，他出入于富豪和特权者的圈子，没怎么注意到法国人民悲惨而绝望的处境。富兰克林知道的马拉也只是一位不著名的关于火的性质的研究者。马拉在 1779 年请求富兰克林帮助他，将他的有关新思想在皇家科学院提出来。富兰克林给了他帮助。他不会想到，这个当时的小人物在后来的法国大革命的风暴中，成了叱咤风云的领袖。

富兰克林对探索大自然的兴趣从来没有减退，但自从来到巴黎以后到参加缔结和约的几年中，他却抽不出时间作研究。对此，他颇为沉痛地写信告诉好友普利斯特里说："假如我有闲暇和你一道探索大自然的产物我就太高兴了。我指的是无生命物，而不是有生命物或道德方面的内容。对前者我发现得越多，我便越赞美它们；对后者我了解得越多，我便越厌恶它们。"

在已经成为费城、伦敦、爱丁堡、格丁根、鹿特丹和巴黎的学术团体成员后，1781 年，富兰克林被接受为波士顿的美洲艺术和科学院成员；1782 年，他成为帕杜亚的科学、文学和艺术科学院的外国会员；1783 年，他成为都灵的科学、文学和艺术科学院的外国会员，而他的《致富之路》在 1777 年以后继在巴黎（1 年内发行 5 次）、都柏林、伦敦、佩斯利、坎特伯雷、爱丁堡等地再版发行。

富兰克林在抵达巴黎时已经是一位老人了。从 1777 年小科欣为他画的肖像看，这位哲学家看上去像个狡黠的农民，头戴毛皮帽，鼻梁上架着一副眼镜，有着一双敏锐的眼睛。更像的是第二年杜普利西为富兰克林画的一幅。在这幅画上，富兰克林薄薄的头发从他高而宽的额头朝后梳去，直直地一直垂落到他上衣的毛领上。他的眼睛大而明亮，脸上现出老态，然而虽然老，却健康、红润。但是事实上，富兰克林自到巴黎以后，一直受着病痛的折磨，他原本强壮的身体开始衰弱了。

在到巴黎后的第一年，富兰克林就注意到自己强壮的体格发生了变化。“有时候在长时间坐着不动写字而没有锻炼的时候，我感到突然的刺痛：在身体不同部位的肌肉里，人们告诉我说那是坏血病。一次旅行往往可以解除这种疼痛。”为了减轻病痛，他一周洗两次热水澡，每次两小时。他还尽量少吃牛肉、腌肉和奶酪，尽管这些都是他最爱吃的。

1780 年 10 月 ~ 11 月，富兰克林的痛风病发作，一连持续了 6 个月。在此期间，他一边忍受着病痛，一边幽默地写了《富兰克林和痛风的对话》。

1782 年 8 月的最后一个星期，他的膀胱结石突然发作。但正如他对待痛风病的幽默一样，他在结石病发作期间，也没有意气消沉。他只是因受不了马车的颠簸而放弃了每星期二去法国宫廷和送孙子去他要去的地方。由于年事已高，他没有做手术，也不服药，只是默默地忍受。

第七章

晚年生活

载誉而归

继续奉献

不平凡的一生

载誉而归

富兰克林老了，当他生活在英国和费城时，他常有意识地出去旅行，使自己保持充沛的精力。然而在巴黎，他却做不到。繁重的公务使他在法国度过的 8 年半的漫长时日中，从没有踏出巴黎及其近郊。疲劳和缺乏体力活动加速了他的衰老。

富兰克林在巴黎的这个“家”和当年他在伦敦克雷文街的那个“家”颇有些相似。家中的永久性成员只有他、谭波尔·富兰克林和一名法籍文书。本杰明·富兰克林·贝奇在这里住过一段时间，约翰·亚当斯也在此住了一年左右的时间，此外不时地也有其他美国男孩来此居住，他们在星期日同富兰克林共进午餐。后来，贝奇被送到日内瓦的一所学校寄宿去了。

在和英国的和约签订一星期后，富兰克林观看了巴黎的首次氢气球升空表演。那一天，巴黎城万人空巷，争相目睹这一奇观。下午 5 点，随着一声炮响，一只巨大的氢气球迅速升空。一直进入云端。富兰克林后来写道：“那时在我看来它就像一只橘子，不久以后它就变得看不见了。”后来有人问：“一只气球，能有什么用呢?”富兰克林回答：“一个初生的婴儿，能有什么用呢?”这样的一问一答不多久就传遍了巴黎。

11 月 20 日，富兰克林在帕西又亲眼目睹了有人乘上无人驾驶的气球升空。两名科学家皮拉特尔·德·罗吉尔和达兰德侯爵在一只挂在气球下面的藤条筐里烧着稻草，被带上了 500 英尺的空中，越过塞纳河后，他们安全着陆了。

那位侯爵在当天晚上带着那只气球的发明者约瑟夫·蒙特戈菲尔访问了富兰克林。富兰克林开始思考，气球升空目前仅仅是一种娱乐，如同磁和电的第一次实验一样。它将来会如何发展呢?

富兰克林在 12 月 1 日又看了一场气球升空的表演后，于 6 日写道：“气球为什么不能成为一种普通的载人交通工具呢？它的用途之一恐怕是可以用来让统治者信服，战争是何等愚蠢，因为它可以使得不管多有才干的统治者的领地变得防不胜防，因为它可以使一支军队从天而降。5000 只气球，每只可载 2 人，所需的费用也不会超过 5 艘军舰。”

和约签订以后，富兰克林终于有了一些闲暇。实际上，早在和约草签之后，他就写信告诉大陆会议，希望“能有一些可供我自己支配的时间”，但他的告假被一拖就是两年多，可他毕竟已轻松多了。亚当斯到荷兰争取贷款去了，美洲大陆的烽烟已经消散。作为美国驻法大使，他非常高兴地于 1783 年 3 月和瑞典签署了友好通商条约。瑞典的大使不仅希望和独立后的美国打交道，更愿意结识富兰克林。

新国家美利坚合众国吸引了人们的注意，许许多多的人向他打听美国的情况，还有不少人想移民美国。于是，他写了一本《移民美国须知》，并于1784年3月9日将它印了出来，有英文版，也有法文版。他用这本书来向全欧洲介绍美国的真实情况。

他认为，许多对美国有错误印象的人，为了错误的理由想移居到美国去。他们以为美国人富有而无知，虚席以待欧洲去的学者们和艺术家们；期待着欧洲人去占据他们的办公室——那里的工作不是当地人所担当得了的；心甘情愿地无偿用土地、奴隶、工具和牲畜去报偿移民。“真实的情况是，尽管那个国家的人民很少有像欧洲的穷人那么贫困潦倒，也有极少的在欧洲被称为富人的人……美国是一块劳动的土地，任何人在那里都不可能不劳而获。目前，那里的劳动报酬丰厚。能工巧匠可以过好日子，供养儿女并防老；农工们可以积攒他们的工资，然后变成农场主；人们可以将小笔资本投资于土地，以待地价上涨；那里的人们用他们的双手辛勤劳动而不必担心会遭到耻笑，相反，劳动者在那里受到尊敬”。

最后，富兰克林总结说：“我们的国家给予外国人的不是别的，是良好的气候，肥沃的土壤，干净的空气，自由的政府，开明的法律。”

他在并不清闲的“闲暇”中，进入了在法国任大使生涯的最后一年。这一年里，他参与了美国和欧洲、北美大国间的缔结条约工作。到他归国的前几天，美国和普鲁士缔结了友好通商条约。

1785 年春天，美国政府终于同意了富兰克林要求回国的请求。富兰克林说，尽管他爱法国，不过还是希望在自己的祖国度过余生。当年富兰克林是以说客的身份去法国的，离开时他成了一个主权国家的代表。法王政府赠给他一幅路易十六的画像，像框上镶有 408 粒钻石。弗尔仁尼客气而亲切地同他道了别。

富兰克林和谭波尔、贝奇等一行渡过英吉利海峡，在桑普敦登陆。在那里，他和儿子威廉·富兰克林见了最后一面。7 月 25 日，船起锚了，富兰克林永远地离开了虽然不是祖国，却被他留恋至深的欧洲和那里的一切。

继续奉献

富兰克林回到故乡，受到了费城人的热烈欢迎，鸣炮、敲钟过后，川流不息的客人前来拜访，延续了一个多星期。

从他9月14日抵达费城后还不到一个月，是宾夕法尼亚州议会选举的日子。10月11日开始选举，17日选举结果揭晓，富兰克林被选入了州参事会。第二天，他被选为参事会主席。10月29日，富兰克林又被州议会、参事会联合选为宾夕法尼亚州州长。31日，他宣誓就职。

富兰克林在故乡宾夕法尼亚州的执政是从11月11日向议会提的建议开始的，建议的内容是修改“检查法”。“检查法”是按立宪派的主张在战争期间在州议会通过的。它规定，任何人在就任公职、选民参加投票之前，必须宣誓忠于宪法。富兰克林认为，当时通过这一法令是出于领导战争的需要。现在战争已经结束，权力应归还给人民。

提议修改这一法令曾是富兰克林的前任约翰·迪金森施政

的主要目标，但由于立宪派的反对，他没能够如愿以偿。富兰克林向议会提出建议后，或是由于这已经成为人们普遍的要求，或是由于富兰克林的个人影响，议会终于通过了议案：选举投票者须宣誓不效忠英王和大英帝国、自宣布独立以来没有帮助过英军，而不是宣誓效忠宾夕法尼亚州许多人都反对的宪法。

富兰克林每星期出席参事会会议的时间平均最多只有两天，但在宾夕法尼亚州，有他在场就足够了。他是幕后的哲学家和政治家，具体的工作留待更年轻的人们去做。富兰克林作出决定，他1500英镑的年薪将不留给自己一分一厘，全部用于公益事业，这使得他在家乡的影响力与日俱增。

富兰克林在执政之余仍热衷于一些发明和研究，只有过一次例外。那是在他从欧洲回来将近半个月的时候，那天是9月27日，一个叫约翰·菲奇的年轻人带着他的汽船模型和图纸，在美洲哲学学会找到富兰克林。但富兰克林看不出这年轻人的汽船有什么重要性，也没有兴趣。第二年1月，菲奇再次拜访了富兰克林，请他资助建立一家生产这些汽船的公司。然而，富兰克林只拿出五六美元作为给他个人的帮助。菲奇负气而去，后来自己通过其他渠道，开始了制造汽动机械的事业。

在将近30年的海外生活结束后，富兰克林发现自己的产业价值已经3倍于前，这是革命期间不动产增值所致。他在波士顿有一幢房子和一块地基，在费城有几幢房屋和几块地基。

在他从法国回来后的第二年，他又操持着建造房子。到

1787年4月，他已经有3幢房屋接近竣工，并还想盖另外两幢。他自己住的房屋经过扩建，一楼的餐厅可以坐得下24个人。

富兰克林暮年回到费城后，一直渴望能回老家波士顿去看看它的变化，顺便探访故人。但是他的痛风病使他行动不便，他早已不能骑马了。平时出门他一般需要坐轿，有时是步行去州政厅。因此，富兰克林只能在他的第二故乡效命，而不能圆他的返回故里之梦了。

1781年3月1日，就在独立战争已近尾声时，美国各州批准了邦联条款，成立了邦联政府，取代大陆会议行使权力。邦联政府的权力有限，各州仍保留着自己的“主权、自由和独立”。因此，在解决战后初期国内的各种经济困难和政治动荡等问题时，邦联政府显得力不从心。于是，建立一个更强有力、更加集权的政府的要求被提出来，但这首先需要一个新的宪法。

1787年3月28日，富兰克林当选制宪会议的代表。5月14日，制宪会议在费城召开。在三四个月的会期中，富兰克林每天11点到会。会上的一名乔治亚州的代表后来写下了对会议期间的富兰克林的印象：“富兰克林博士是十分著名的当今最伟大的哲学家。但是，他不是演说家，看来也不专心致志于政治。然而，他却是个不同凡响的人。他讲故事讲得那么动听，是我从来没有听过的。他82岁了，脑力却十分活跃，足以和一个25岁的年轻人的相媲美。”

富兰克林在制宪会议中的作用主要是和解，不是引导代表们走向哪一特定的方向，而是设法使代表们保持一致意见。每当他将发言，他总预先把发言内容写在纸上，请人替他念，因为他不能长时间地站着。他在制宪会议上的这些发言稿都被保存了下来。

在大州和小州的争执中，富兰克林和华盛顿都没有参与。他们更多的是从资产阶级国家的整体利益来考虑问题。但在一般代表心目中，本州的利益仍然占据重要地位。较小的州相信如果不具有平等的代表权，他们的利益就只能任较大的州摆布。在各州中，马萨诸塞州、宾夕法尼亚州和弗吉尼亚州（加上其28万黑人）共有人口114万，其他10个小州总共才有164.1万人口。较大的州则认为，如果只有3.7万人口的特拉华州和拥有42万人口的弗吉尼亚州享有同样的代表席位，那是绝对不公平的。

在制宪会议的开头两个星期中，较大的州在有些小州的支持下，得以通过在国家议会的两院中均以人口决定代表席位的提案。小州则马上表示不满，坚持他们在邦联制下所享有的同等权力。双方争执不下，会议气氛紧张。

6月28日，自由主义思想家富兰克林动议在开会前先向上帝祈祷。代表们惊愕之余，没有采纳，但这一提议本身和富兰克林的虔诚祈求上帝帮助的发言，却缓和了会场的气氛。到那一天，一些小州的代表已在扬言，如果没有平等代表席位，就退出会议。但在他的发言后，人们的头脑冷静下来，会议开始两天后，富兰克林提议妥协处理，他呼吁持不同意见的双方，各自做些让步以达成妥协。

7月2日，富兰克林被选入一个大委员会。在这个委员会中，一州只有一名代表，任务是在大、小州的议员议席问题上寻找出妥协的办法。

第二天，大委员会开会了。富兰克林先倡行在两院都实行比例代表制，讨论的结果是较小的州不同意。最后，在富兰克林动议的基础上，委员会达成了妥协。7月5日，委员会向制宪会议报告了这一妥协方案。他们的建议是：1. 在国家立法机构的第一个部分（众议院），应有各州的代表，每4万名居民中产生1名代表；2. 一切关于筹款或分摊钱款的议案必须从第一个部分产生，第二部分不得加以修改或补充；3. 在立法机构的第二部分（参议院），各州享有同等数量的议席。这一妥协方案在制宪会议上以5（康涅狄格、新泽西、特拉华、弗吉尼亚和北卡罗来纳）比4（宾夕法尼亚、马里兰、南卡罗来纳和乔治亚）被采纳。马萨诸塞州代表分为几派，无法参加表决。

这是惯于寻求妥协方案的富兰克林平生所作的最重大的协调之一，它直接关系到美国宪法能否在它最被需要的时期问世。

制宪会议开了两个多月时，有人认为行政被列为第二位是贬低了它。发言不多的富兰克林在7月26日指出：“这样的观点和共和的原则是背道而驰的。在自由的政府里，治理者是仆人，人民居于其上，是主人。”

1787 年 9 月 17 日，是最后签署宪法的日子。在最后的一些代表签名的时候，富兰克林说：“我经历了太多太多的这些议程和我对发布的这些文件的希望及担忧的变迁。看着主席身后的太阳，我不能辨别它是升起还是落下，但是现在我终于有幸知道那是一轮旭日，而不是残阳。”次日上午 11 点，宾夕法尼亚州代表出现在州议会会场上，富兰克林向议长发布了联邦宪法签署了的消息。联邦宪法在宾夕法尼亚州获得批准。

躺在病床上的富兰克林给一位法国的好友写了封信：“我们的新宪法出台了。它应该会永远生效，但是这个世界上只有死亡和征税是确定无疑的……”

伟人去世

富兰克林又回到了费城的政治生活中来。10 月 31 日，他第三次当选宾夕法尼亚州州长，但 10 月刚过，他就病倒了。在第二年 1 月 3 日到 3 月 12 日，他一次都没能到州政厅、参事会视事。在他任期内的最后几个月里，宾夕法尼亚州的行政参事会一直在富兰克林家中举行。连 1788 年 9 月 16 日传来的 11 州批准宪法的消息都是在富兰克林家中被得知的。

1788 年 10 月，托马斯·密弗林当选州长，继任富兰克林连任了 3 年的职位。富兰克林最终离开了他服务于其中 60 余年的政治生活。多年来竭心尽力的工作，耗损了他健壮结实的身体，乐天、开朗的富兰克林终于被病魔击倒了。

从 1788 年夏天，富兰克林就开始写遗嘱了。对他的身后之物，除了个人遗产外，他还将他的书籍、手稿、科学仪器和乐器在他的亲戚、朋友、图书馆公司、美洲哲学学会、波士顿艺术科学院中作了分配。他赠给波士顿的免费学校校董会100英镑，用来每年颁发银质奖章。富兰克林银质奖章从1793年首次发起，到1922年，奖章数字已有4000枚左右。

1789年6月23日，富兰克林对他的遗嘱作了增补：把金头手杖赠给华盛顿；将未动用的州长薪水赠给波士顿和费城各1000英镑，用于发放给25岁以下、完成学徒合同条款的已婚青年的贷款，年息为5%，每年偿还1/10本金，所得利息再借给其他具备类似条件的青年。到100年时可得13.1万英镑，将其中10万用于公共工程，其余的再用于符合上述条件的贷款100年。第二阶段可以得到406.1万英镑，其中106.1万用于两城居民，300万用于该州政府。

富兰克林的家产到1789年约为20万美元，因而他决定：将钱财用于帮助当年像他一样勤勉、上进但无人资助的学徒青年。富兰克林的这两笔基金，在费城，1907年达17.235万英镑，其中13.3076万英镑转往富兰克林学院，余下的到1936年达13.266万英镑；在波士顿，第100年达39.1万英镑，一部分用于公共工程，在安德鲁·卡涅吉的帮助下，创办了富兰克林技术学校，其余的在1891年再投资，到1935年达59.3万英镑。

服务于公众一辈子的富兰克林直到老病缠身才回到家中，但由于联邦政府中阿瑟·李和理查德·亨利·李的敌意，他希望早点结清公费账目和要求一小块西部土地作为服务于国外的报偿的两项愿望都没有能够实现。他只能在自我安慰、自我解嘲中排遣愁怀。

现在，富兰克林彻底闲下来了，他开始续写自传。他在1786年11月26日开始，以后几次中断；1788年10月22日起又写到12月9日结石病重为止。至此，富兰克林不能再执笔写作了。从那以后，他只能口述，由外孙笔录。

富兰克林这个一辈子都在和命运抗争的人，到病弱的晚年仍是如此。

富兰克林从政治生活引退后，便开始积极地参加废奴运动。富兰克林也曾拥有过奴隶，也曾替人登广告出售奴隶，但他早在1751年就指出该制度在经济上的弱点。1758年，他在伦敦时建议建立第一所黑人学校；1775年，教友会教徒建立了第一个废奴团体——宾夕法尼亚促进废奴协会。但在独立战争期间，该会基本上无所作为，直到1787年富兰克林任会长后才重新活跃起来，曾在班迪吉非法进行救助自由黑人的活动。1789年11月9日，该协会请愿要求支持“对公众的讲话”并为之提供资金。富兰克林在“讲话”上签了名。1790年2月12日，该会将“讲话”呈交第一届国会。直到5月23日，富兰克林还写了幽默散文《关于奴隶贸易》。

退出政坛的富兰克林仍关注国内政治。1784 年 9 月 16 日，他给华盛顿写了信；1790 年 3 月 1 日，他在写给耶鲁大学校长坎兹拉·斯蒂尔斯的信中还谈到宗教宽容的问题。

富兰克林人生中的最后一个冬天是在亲人的陪伴中度过的。他的孙女黛博罗每天喝过茶就来陪他。12 月里的一天，专程从英国前来探望他的波莉为了减轻他的病痛，在他病榻边念书给他听，他听着听着，不由得也喃喃背出几句记得最熟的诗句。

1790 年 4 月初，杰斐逊在赴联邦政府国务卿之任的途中，到费城探望富兰克林，那是这位老人去世前 9 天。杰斐逊目睹他清晰地一口气写完了他此生的最后一封信，暗自为这个久病垂危者惊人的脑力而惊叹。

4 月 17 日，富兰克林忽然起了床，请人们帮他整理一下床铺，以便让他死得有尊严。萨拉·富兰克林听了悲上心来，告诉他说，她要他好起来，再活许多年。富兰克林平静地说："我不希望这样。"他已经看到了最后时刻的来临。就在那天夜里 11 点，这位伟人流然逝去。那时，他的孙子谭波尔和外孙贝奇正陪在他的身边。

4 月 21 日，费城人民为他举行了葬礼，两万人参加了出殡队伍。码头上降下半旗，教堂钟楼里哀钟长鸣。4 月 22 日，詹姆斯·麦迪逊在参议院动议为富兰克林的逝世服丧一个月以示哀悼，被不经讨论地通过。

本杰明·富兰克林就这样走完了他人生路上的 84 度春秋，

静静地躺在教堂院子里的墓穴中，他的墓碑上只刻着：印刷工本杰明·富兰克林。富兰克林的离去在美国、法国和英国都引起了不小的震惊尤其是法国。法国参议院为他默哀。在法国人看来，他们更加重视、爱戴富兰克林，更懂得欣赏他的才华。

美国总统乔治·华盛顿这样评价他：“因为善行而受景仰，因为才华而获崇拜，因为爱国而受尊敬，因为仁慈而得到爱戴，这一切将唤起人们对你的亲切爱戴。你可以得到最大的欣慰，就是知道自己没有虚度一生。”

不平凡的一生

富兰克林是美国的开国元勋之一，对美国有巨大的贡献。他参与起草了举世闻名的美国《独立宣言》，还几次当选为美国宾夕法尼亚州的州长，他最先组建消防厅、组建道路清扫部，他还创立了近代的邮信制度，他是美国第一位驻外（驻法国）大使；他是美国的第一位学者、第一位哲学家，是政治漫画的创始人，美国最早的警句家。他是美国历史上唯一在《独立宣言》《一七七八年法美同盟条约》《一七八三年巴黎合约》和《美国宪法》这四大标志美国革命进程的历史文件上签过字的人，所以有人称他为“美国第一人”。在十八世纪美国的政治人物中，富兰克林的威望仅次于美国的第一届总统乔治·华盛顿。他是美国第一流的新闻工作者，制订出《新闻传播法》，制造了商业广告，想出了广告用插图的形式。他是英语发音的最先改革者，是《简易英语祈祷书》的作者，是出租文库的创始人。

在自然科学领域，富兰克林也是第一个在国际上享有盛誉的美国科学家。他是电学试验的先驱者之一，进行了有名的用风筝把天上的雷电引到地面的实验，首次证明雷电是一种放电现象，并对各种电现象（如电荷的产生、电荷的转移、静电感应等）进行了比较系统的理论阐释。他于1751年发表的论文《电的试验与观察》，轰动了当时的欧洲科学界。由于他在电学研究方面的成就和贡献，1753年他获得了英国皇家学会颁发的戈弗里·科普利爵士金质奖章。他于1756年当选为该学会会员，1772年又被选为法兰西科学院的外籍院士。

除了研究电以外，富兰克林对气象学也有所贡献。为了替他的报纸寻找新闻，他经常到农夫市场去收集消息。他发现风暴经常在某地出现，然后在别的地方也会有风暴。他相信两者可能其实是同一个风暴，因此提出风暴会移动，最后衍生了日后出现的天气分析、天气图，改变了单纯依靠一地预报天气的方法。

此外，他在光学、热学、数学、海洋学、植物学等方面均有研究。他发明了避雷针、摇椅、远近双焦距两用眼镜、能节约四分之三燃料的富兰克林壁炉、具有伸缩性的导尿管、新式路灯、自动烤肉机、高架取书器等。他还改进了印刷术，首次提出了“夏时制”这个概念。

富兰克林发现了人呼出的气体的有害性，创造了换气法；他最早向美国介绍了黄柳和高粱，发明了颗粒肥料；他还是很有名的游泳选手、印刷工人、印刷商、制造商。富兰克林一生虽只接受过两年学校教育，却获得了哈佛大学和耶鲁大学授予他的荣誉硕士学位，以及爱丁堡大学、圣安德鲁大学和牛津大学授予他的荣誉博士学位。

富兰克林在文学方面的造诣也很深。他的《穷理查年鉴》文字朴素简洁、准确生动，其中所收集改写的格言警语充满睿智、富有哲理。该书在美国殖民地时期几乎家喻户晓、人人皆知，其普及程度仅次于《圣经》。不过富兰克林在文学领域的声誉更多的是来自于他的《自传》。他的《自传》是美国文学中最著名的作品之一，是美国最早也是最经典的传记文学作品，亦是美国文学史上公认的里程碑式或奠基石式的著作。因为该自传不仅开创了美国传记文学的先河，也使富兰克林成为美国殖民地时期第一个在欧洲获得广泛声誉的作家，使欧洲开始意识到美洲大陆上也有文学创作的存在。

两百多年前，一个人能在如此之多的领域，取得如此杰出的成就，简直可以说是一个奇迹！

如今，富兰克林的样子为世界各地不少人所熟悉：因为他是美元钞票中面额最高的100美元纸币上的人像。从1914年起，他便是部分百元美钞上的人像，1928年以后每张百元美钞上都印有他的样子。在美国俗语中，100美元纸币被称为“富兰克林”。富兰克林的画像曾经还在半美元硬币和旧版50美元上出现。

富兰克林的一生是美国梦的最好阐释，是靠个人奋斗而成功的最佳典范。他的故事正好为所有想在新世界里有所作为的人树立了一个真真切切、实实在在的榜样，给他们以鼓励，给他们以希望。